劳动经济评论

LABOR ECONOMIC REVIEW

第9卷　第2辑　2016年9月

Volume 9　Number 2　September 2016

中国财经出版传媒集团

经济科学出版社

Economic Science Press

图书在版编目（CIP）数据

劳动经济评论．第 9 卷．第 2 辑/罗润东主编．—北京：经济科学出版社，2016.12

ISBN 978 - 7 - 5141 - 7614 - 8

Ⅰ．①劳…　Ⅱ．①罗…　Ⅲ．①劳动经济 - 中国 - 文集
Ⅳ．①F249.2 - 53

中国版本图书馆 CIP 数据核字（2016）第 319601 号

责任编辑：于海汛　何　宁
责任校对：王苗苗
责任印制：潘泽新

劳动经济评论

第 9 卷　第 2 辑　2016 年 9 月

罗润东　刘　文　主编

经济科学出版社出版、发行　新华书店经销

社址：北京市海淀区阜成路甲 28 号　邮编：100142

总编部电话：010 - 88191217　发行部电话：010 - 88191522

网址：www.esp.com.cn

电子邮件：esp@esp.com.cn

天猫网店：经济科学出版社旗舰店

网址：http://jjkxcbs.tmall.com

北京汉德鼎印刷有限公司印刷

三河市华玉装订厂装订

787×1092　16 开　9.75 印张　200000 字

2016 年 12 月第 1 版　2016 年 12 月第 1 次印刷

ISBN 978 - 7 - 5141 - 7614 - 8　定价：28.00 元

（图书出现印装问题，本社负责调换。电话：010 - 88191510）

目　录

CONTENTS

劳动经济理论研究前沿文献分析①

——基于文献计量分析视角

罗润东　沈　君　徐丹丹*

摘　要：2000年以来，劳动经济理论及其现实问题的研究已经成为经济学研究的焦点之一，虽然不乏对该领域进行相关的综述性研究，但是用文献计量方法进行特征定位的梳理研究极少。本文借助文献计量软件CiteSpace Ⅱ，运用共词聚类分析法和战略坐标图示法，从Web of Science数据库中的劳动经济领域英文文献中计量分析出2000～2012年国际范围内劳动经济理论的研究状况、关注的研究热点和新颖的研究方向，以期探讨当前劳动经济理论研究的现状与特征。分析结果发现：在当前全球劳动经济理论研究中，就业与经济增长问题的研究备受关注，工会组织问题是最新颖的研究领域。

关键词：劳动经济　文献计量　共词聚类分析

一、问题的提出

劳动经济学是以劳动要素为研究对象，主要研究劳动要素的分配、利用、收入所得，以及与劳动要素相关的社会经济问题等，它是经济学中的一门重要分支学科。从劳动经济学的发展历史来看，资本主义生产方式的发展过程中孕育的劳工问题及劳工运动是其产生的主要社会背景。20世纪初，一些专门研究劳动和劳工问题的经济学著作相继问世，泰罗的《科学管理原理》（1911）、布鲁姆的《劳动经济学》（1925）、凯恩斯的《就业、利息和货币通论》（1936）的出版，都对西方

① 本文转引自《经济学动态》2014年第1期，89～97页，个别处有删改。

* 罗润东、沈君、徐丹丹，山东大学劳动经济与人力资源研究中心。E-mail：ldjjpl@163.com。

劳动经济学的发展产生了重要的影响（课题组，2013）。

劳动经济理论一直是国内外主流经济学关注的重要问题之一，其中包括就业、人口经济、人力资本等理论分支。随着经济全球化的发展，经济增长中的劳动要素制约问题以各种方式突现，诸如就业、失业、劳动力市场的流动性与区域均衡、收入分配、自我雇佣、性别歧视与种族歧视、社会保障、国际迁移等问题已经成为国内外经济学界关注的重要研究课题（课题组，2013）。因此，本文以劳动经济学领域的英文文献为研究对象，通过运用文献计量方法，对当前劳动经济学领域的英文文献进行文献统计分析，并通过战略坐标展示劳动经济学领域的英文文献的研究现状、热点和主要研究领域，总结出国际范围内劳动经济研究领域的前沿成果、主要研究机构、高产作者、国际主要期刊分布等有价值信息，为国内外的劳动经济学领域的研究提供科学参考。

二、数据库的选择和数据统计

本文所统计的数据来自“Web of Science”英文期刊全文数据库（以下简称WOS），在“经济与管理科学”学科领域范围内，按照科学设置的检索式“TS = (Labo*) and WC = (Economics) and LA = (English) and DT = (Article)”，时间段设置范围为2000～2012年，检索到2000～2012年有关劳动经济领域的文献共计11 138篇，更新时间为2013年7月。

（一）论文年度分布

根据图1中11 138篇劳动经济领域的英文学术论文的年度分布来看，2000～2004年的发文量相对较少，每年在50～60篇之间，其中，2002年的发文量最少（48篇）；自2005年开始该领域的发文量呈逐年上升态势，到2012年劳动经济领域英文发文量最高（1 726篇），这期间只有2011年略有下降。从2000～2012年间劳动经济领域的英文发文量年度分布来看，国内外学者越来越重视劳动经济各个领域的研究，主要涉及的学科领域有社会发展规划、社会科学的数学方法、企业财务、环境研究、劳资关系、农业经济政策、卫生政策服务、社会科学的历史、国际关系、卫生保健科学服务、跨学科应用、城市研究、人口及管理、教育研究、环境科学、生态、女性研究等。

图1显示，2005年后在国际范围内劳动经济领域发文量突然增加，增幅较大。究其原因可以从两方面来分析：一方面与当时的国际经济环境和问题相关，2004年世界经济达到了30年来的最高增长速度，2005年世界经济增长速度又有所放慢，这段时间经济周期起伏变化较大，从而关于劳动、资本等派生生产要素的研究

成为学者关注的热点；另一方面，从研究方向和 Web of Science 学科类别来看，2005 年较 2004 年明显增加，研究方向增加了 17 个，类别增加了 23 个，主要是公共行政、国际关系、政府法律、教育研究、人口、劳资关系、性别研究、城市研究等；而农业经济、社会科学中的数学方法、生态环境研究等在 2004 年的基础上发文量增幅最大。

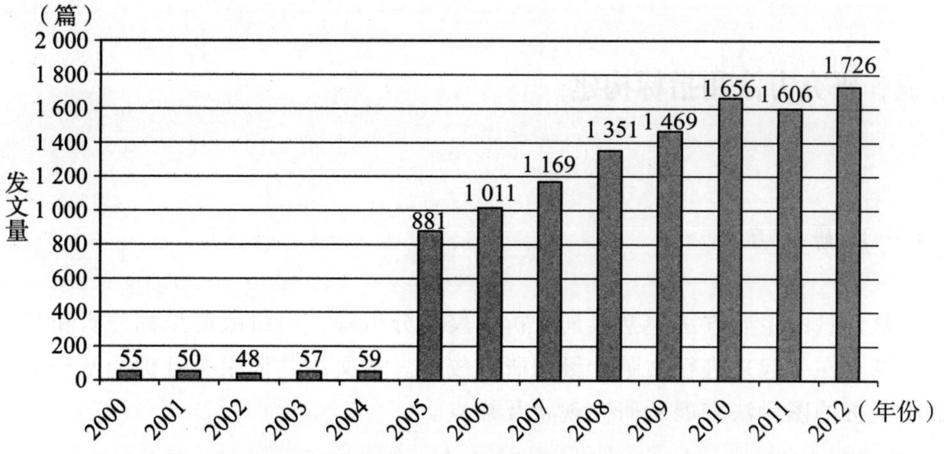

图 1　2000～2012 年 Web of Science 中劳动经济领域英文发文量年度分布

（二）刊发英文文献的国际期刊

根据文献计量的结果显示，2000～2012 年间劳动经济理论领域英文文献载文量在 100 篇以上的学术期刊有 24 种。其中《劳动经济学》（*Labour Economics*）的载文量最高，总量达 352 篇，占总发文量的 3.16%；《应用经济学》（*Applied Economics*）的载文量 296 篇，居于第二位；《工作、受雇与社会》（*Work, Employment and Society*）的载文量 185 篇，居于第三位；《经济行为与组织杂志》（*Journal of Economic Behavior and Organization*）载文量 172 篇，居于第四位；《世界发展》（*World Development*）载文量 164 篇，居于第五位；载文量在 100 篇以上的还有《经济学快报》（*Economics Letters*），155 篇；《美国经济评论》（*American Economic Review*），152 篇；《公共经济学杂志》（*Journal of Public Economics*），152 篇；《应用经济学快报》（*Applied Economics Letters*），150 篇；《人口经济学杂志》（*Journal of Population Economics*），146 篇；《经济模型》（*Economic Modelling*），143 篇；《经济动态与控制杂志》（*Journal of Economic Dynamics and Control*），135 篇；《欧洲经济评论》（*European Economic Review*），132 篇；《教育经济评论》（*Economics of Education Review*），126 篇；《区域研究》（*Regional Studies*），123 篇、《货币经济评论杂志》（*Journal of Monetary Economic Review*），122 篇；《发展经济学杂志》（*Journal of Development Economics*），117 篇；《经济学杂志》（*Economic Journal*），116 篇；《农

业经济学》(*Agricultural Economics*),113篇;《国际劳工评论》(*International Labour Review*),111篇;《发展研究杂志》(*Journal of Development Studies*),110篇;《生态经济学》(*Ecological Economics*),103篇;《女权经济学》(*Feminist Economics*),100篇;《经济学与统计学评论》(*Review of Economics and Statistics*),100篇等。这表明关于劳动经济理论领域的诸多学术研究得到了越来越多的国际学术期刊的广泛关注,尤其是国际较有影响的国际期刊。

三、研究方法和指标构建

(一)研究方法

文献计量的主要方法包括共词分析、聚类分析等,但将战略坐标分析和共词聚类分析结合在一起来进行文献计量的研究较少。本文在共词聚类分析的基础上,应用战略坐标的图示法来展示研究现状及热点。

1. 共词分析

共词分析(Co-word Analysis)是比较典型的共现分析方法之一,属于内容分析法,用于分析同一篇文献中的一组词对的共现关系和共现强度,反映词与词之间的联系,揭示某研究领域的内在结构及变化趋势。共词分析法最早在20世纪80年代被提出;卡龙等(Callon et al.,1986)提出了共词分析的基础理论和应用实例,从此共词分析法获得了较大的发展;科斯托夫等(Kostoff et al.,1997)根据词频分析抽取了多词词组,并应用邻近词组分析算法,发现了具有代表性的研究主题,以及主题之间、主题与子主题之间的关系,最终运用对等指标(equivalence index)计算了词组之间的链接强度,但关键词的共现被限制在50个词左右。

共词分析方法的应用早期主要用于人工智能领域(Courtial and Law,1989)、科学计量学(Courtial,1994)等领域,目前国内外专家学者已经将共词分析方法应用到了诸多领域,如材料领域(郝韦霞等,2011;韩红旗等,2011)、图书情报领域(杨颖,2011)、通信技术(沈君等,2011)和医学领域(崔雷等,2009),等等。其共同的特点是:运用词来表征文献的主要内容,通过分析共词关系和强度来揭示该研究领域的热点、前沿和发展趋势。

2. 聚类分析

聚类分析(Cluster Analysis)是数据挖掘中的一种很活跃的文献计量和可视化的方法,依据关键词与关键词之间的共现强度,把一些共现强度较大的关键词聚集在一起形成一个个聚类。划分聚类的算法有多种，如层次聚类、非层次聚类、K 均值聚类、智能聚类等。但因传统的聚类算法是将词间路径最短的词聚集在一起的，存在着一定的不足，如没有中心概念、聚在一起的词未必能表达同一内容，聚类间的相互关系无法体现等，本研究在聚类算法的使用上，借鉴卡龙等（Callon，Courtial and Laville，1991）构建子簇的方法，即在构建的一个子簇中最多只有 10 个关键词，将共现矩阵中余弦指数最高（共现强度最大）的一对技术术语作为该聚类的主题词，来反映该聚类的研究内容或研究方向。.

3. 战略坐标

战略坐标（Strategic Diagram）是劳等（Law et al.，1988）提出的，主要用于分析某研究领域的研发热点的结构及其变化趋势。战略坐标是一个两维的平面图，我们在聚类分析的基础上，以聚类的关注度指标为横轴，聚类的新颖度指标为纵轴，建立聚类的战略坐标。战略坐标图可以展示整个研究领域的各聚类的位置。根据四个象限中各聚类的分布情况，可以描述出该研究领域的研究现状分区，以及未来的发展趋势和变化，如图 2 所示。

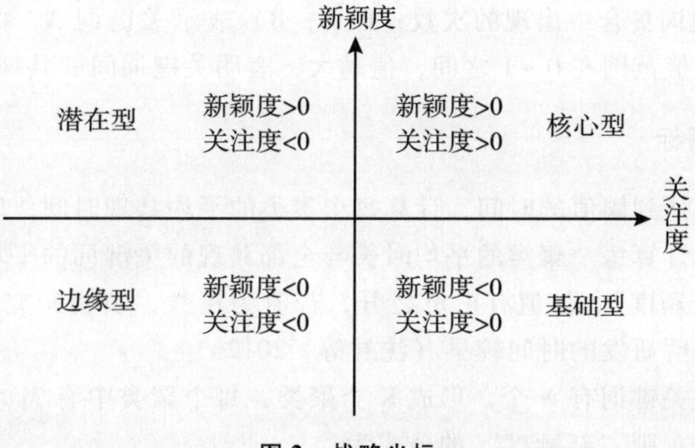

图 2　战略坐标

位于第一象限的聚类的新颖度和关注度均大于 0，表明这些聚类所代表的内容受关注的程度比较高，而且属于近几年来的研发热点。第一象限中的聚类所代表的研究内容，兼具高新颖度和高关注度的研究方向，是整个研究领域的核心内容。我们称位于第一象限的研究领域为“核心型领域”。

位于第二象限的聚类的新颖度大于 0，而关注度小于 0，表明这些聚类所代表的研究内容属于近几年来新的热点，但是研究的受关注程度较弱。只要关注程度有所提高，第二象限的聚类就会移动到第一象限，成为较成熟的研究热点。因此我们称位于第二象限的研究领域为“潜在型领域”。

位于第三象限的聚类的新颖度和关注度都小于 0，表明这些聚类所代表的研究内容的关注程度不高，而且近几年的研究也较少，属于被边缘化的研究内容。因此我们称位于第三象限的研究领域为“边缘型领域”。

位于第四象限的聚类的关注度大于0，新颖度小于0，表明这些聚类所代表的研究内容备受关注，但不是近几年来的研究热点，属于基础型研究内容。虽然近几年的研究较少，但该领域的研究必须以这些聚类为基础，尤其是关注度极高的一些聚类。因此我们称位于第四象限的研究领域为“基础型领域”。

（二）指标构建

1. 余弦指数

在共词网络中，节点表示关键词，节点间的连线表示两点所代表的关键词存在共现关系。连线的强度，也即共现强度，由余弦指数加以测度。其公式为：

$$\text{Cosine} = \frac{F(A,\ B)}{\sqrt{F(A)F(B)}} \qquad (1)$$

式中 F(A) 表示关键词 A 在给定关键词集合中出现的次数；F(B) 表示关键词 B 在给定关键词集合中出现的次数；F(A，B) 表示关键词 A、B 共同出现的次数。该指数的取值范围在 0～1 之间，值越大，表明关键词间的共现强度越高。

2. 新颖度指标

根据关键词达到阈值的时间，计算每个聚类的平均共现时间，以此反映该聚类的平均时长，再计算每个聚类的平均时长与全部共现的关键词的平均共现时长的离均差，称为“新颖度”。该值有正负之分，若值为正数，表明研究的时间比较晚；若值为负数，表明研发的时间较早（沈君等，2012）。

若设共现的关键词有 N 个，形成 K 个聚类，每个聚类中有 M 个关键词，用 Y 代表出现的年份，则“新颖度”的公式为：

$$ND_i = \frac{1}{M}\sum_{j=1}^{m} Y_{ij} - \frac{1}{N}\sum_{g=1}^{n} Y_g,\ (i = 1,\ 2,\ 3,\ \cdots,\ K) \qquad (2)$$

式中，ND_i 代表第 i 个聚类的新颖度，$\frac{1}{M}\sum_{j=1}^{m} Y_{ij}$ 为第 i 个聚类的 M 个关键词的共现年度平均值，$\frac{1}{N}\sum_{g=1}^{n} Y_g$ 为共现的 N 个关键词的共现年度平均值。

3. 关注度指标

根据各关键词的共现频次，计算每个聚类的平均共现频次，再计算每个聚类的平均共现频次与全部共现的关键词的平均共现频次的离均差，以此反映该聚类的受关注程度，称为“关注度”。该值也有正负之分，若值为正数，表明该聚类所代表的内容的研究受关注程度较高；若值为负数，则表明该聚类所代表的内容的研究受关注程度较低（沈君等，2012）。

若设共现的关键词有 N 个，形成 K 个聚类，每个聚类中有 M 个关键词，用 F 代表共现频次，则“关注度”的公式为：

$$C_i = \frac{1}{M}\sum_{j=1}^{m} F_{ij} - \frac{1}{N}\sum_{g=1}^{n} F_g,\ (i=1,\ 2,\ \cdots,\ K) \tag{3}$$

式中，C_i 代表第 i 个聚类的关注度，$\frac{1}{M}\sum_{j=1}^{m} F_{ij}$ 为第 i 个聚类的 M 个关键词的共现频次的平均值，$\frac{1}{N}\sum_{g=1}^{n} F_g$ 为共现的 N 个关键词的共现频次平均值。

四、实证分析

（一）关键词共现矩阵

通过运用可视化软件 CiteSpace（Chen，2006）来生成实证研究所需要的矩阵，该软件其主要功能是对输入的文献数据进行可视化分析以及矩阵的生成，我们运用其矩阵生成功能来获得关键词共现矩阵。具体步骤如下：（1）对劳动经济领域的英文文献数据进行标准化处理和格式转化。标准化处理主要是对文献进行筛选，确保数据属于劳动经济领域；格式转换是指 CiteSpace 对输入的数据有具体格式要求，须在输入软件之前对数据的格式进行转换，转换成软件默认的格式。（2）对 CiteSpace 软件进行相应的设置。在设置界面主要操作如下：时间切片设为每年一个时段；根据本文的需要将分析的内容设为关键词；阈值分别设定为（2，2，20）、（5，5，20）、（5，5，21）。（3）运行 CiteSpace 软件，在 project 文件夹中生成关键词矩阵。

软件运行结果共获得 434 个高频次关键词，同时生成关键词共现矩阵，在该矩阵中数值的大小代表相关的两个关键词共现的强度大小，即余弦指数的大小。矩阵中的数值有两种：一种是有具体数值，如果矩阵中的数值越大，表示相应的两个关键词的共现强度越大；另一种就是数值为“0”，表明相应的两个关键词没有共现关系。如果一个关键词与矩阵中的任何关键词的数值都为“0”，那就可推断该关键词虽然频次很高，但总是孤立出现，与其他关键词从来都不存在共现关系。因此，依据关键词之间的共现关系和余弦指数值，我们构建出 434×434 的关键词共现矩阵。

（二）共词聚类分析

分析中所采用的聚类分析方法不同于目前普遍采用的聚类方法，而是借鉴了卡龙等（Callon et al.，1991）的聚类原则来进行聚类划分，基本原则如下：(1) 在CiteSpace软件生成的共现方阵（434×434）中，通过查找余弦指数最高的一对关键词，作为第一个聚类的主题词。(2) 将方阵中的434个关键词与该对关键词的任一关键词的余弦指数进行降序排列，由高到低选取10个关键词（若余弦指数大于0的关键词不足10个，只取余弦指数大于0的关键词），其中包括作为主题词的一对关键词。即使余弦指数仍大于0，只要超过10个以上的关键词均拒绝加入该聚类，即该聚类达到了饱和值（10个关键词）。(3) 第一个聚类生成后（或者饱和，或者余弦指数大于0的不足10个关键词），在方阵中将已加入聚类中的关键词删除掉（需要行、列同时删除），保证已加入聚类中的关键词不会加入下面的其他聚类。(4) 反复进行第一步至第三步，就可以一个一个地生成聚类，一直进行到将所有存在共现关系的关键词都加入聚类中为止。若矩阵中虽然还有关键词，但这些关键词之间已经没有共现关系，即所有的关键词间的共现强度为0（余弦指数等于0），聚类生成结束，所剩的关键词不再加入任何聚类。

434个高频关键词中“unemployment”的词频最高（Freq＝697），但只根据高频关键词个体无法识别研究内容和方向。因此本研究借鉴卡龙的聚类分析方法，通过聚类分析来识别研究内容和研究方向。按照上述的聚类方法和原则，将434个关键词划分出60个聚类。其中有些聚类只有两个聚类成员，这类聚类不能准确反映聚类所代表的研究方向和内容，因此这些聚类不作为分析对象，删除这类聚类，最后形成的有效聚类共计有35个聚类。每个聚类根据所包容的关键词，可以概括出聚类的名称，35个聚类名称就是该领域的主要研究内容和研究方向。劳动经济领域的英文文献所涉猎的研究主要包括性别与工资、就业与经济增长、劳动力市场、职业转换、社会保障、劳动力国际迁移、工会组织、自我雇佣、种族歧视、政府调控、高等教育、收入差距等35个研究内容或方向。

（三）战略坐标图

1. 研究领域的分区

根据战略坐标的各个象限的含义来看，在图3中，35个聚类有5个聚类位于第一象限、12个聚类位于第二象限、8个聚类位于第三象限、10个聚类位于第四象限。

位于第一象限的5、6、31、42、52等聚类的新颖度和关注度均大于0，表明这些聚类所代表的内容是2000～2012年间劳动经济领域国际范围内相对比较成熟的研究内容和方向，即属于2000～2012年间的劳动经济理论学术研究热点，备受关注，因此是国际上劳动经济领域的核心内容。它具体包括“健康与收入”“劳动力市场公平竞争”“技术进步与劳动生产力”“劳动力国际迁移”“高等教育与人力资本”等相关内容。

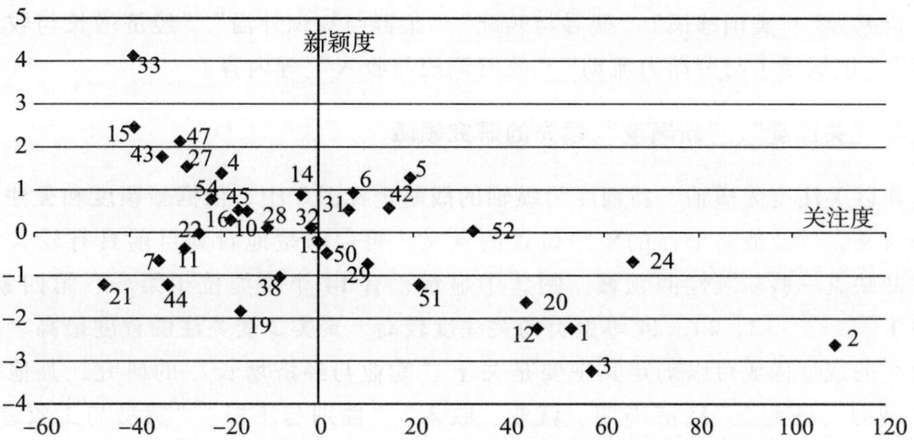

图 3　2000～2012 年 Web of Science 中劳动经济领域的战略坐标

位于第二象限的 4、16、10、14、15、27、28、32、33、43、45、47、54 等聚类的新颖度大于 0，而关注度小于 0。这表明该聚类所代表的研究内容属于 2000～2012 年间国际上劳动经济领域新出现的学术研究热点，但是受关注程度还不高。这些学术研究热点或将会是以后劳动经济领域关注的研究课题，我们称之为劳动经济理论的潜在型研究领域。其中一些内容将会随着关注程度的提高，成为未来国际上劳动经济领域的重要内容，它们的具体领域包括“失业、周期行为、工资粘性”“教育与收益”“童工问题”“劳动力需求”“快餐业与最低工资”“失业率与通胀率”“家庭劳动”“工会组织”“劳动力技能”“转型与失业持续”“收入改革、时间分配”“工资歧视与收入差异”。

位于第三象限的 7、11、13、19、21、22、38、44 等聚类的新颖度和关注度都小于 0，这些聚类的关注程度不高，又都是在时间上比较靠前的研究，近些年的研究较少。这表明该聚类所代表的研究内容属于 2000～2012 年间国际上劳动经济领域的边缘型研究。这些聚类有两类：一类是以前为劳动经济领域研究比较热的课题，但由于其具有时效性或者受政治经济环境变化的影响，这些聚类最近已经退出了学术研究的主流；另一类是在 2000～2012 年间劳动经济领域一直关注程度不高，近些年又没有更多研究的领域。它们分别是“税收、税制与收入”“工作安全与职业转换”“收入与社会保障”“已婚女性工作参与”“道德风险、效率工资”“国际投资、相对工资”“自我雇佣”“美国种族歧视”等。

位于第四象限的 1、2、3、12、20、24、29、50、51 等聚类的关注度大于 0，新颖度小于 0，表明这些聚类所代表的研究内容属于当前国际上劳动经济领域的基础性研究内容。这些聚类的构成成员是 2000～2012 年间时间较靠前的研究，多年来一直备受关注程度较高，但是从新颖度来看则不是近几年的新研发热点。根据这些聚类的研究内容来看，它们属于国际上劳动经济领域的基础性理论研究范围。它们具体包括“性别与工资”“就业与经济增长”“经济周期、就业、收入”“贸易与工资差异”“美国移民”“搜寻与匹配”“集群与知识外溢”“经济增长与收入不平等”“区域经济与劳动力流动”“政府调控与收入”等内容。

2. “关注度”、“新颖度”领先的研究领域

在以关注度为横轴、新颖度为纵轴的战略坐标图3中，依据新颖度和关注度的指标含义，以及战略坐标的象限位置的含义，可以清楚地看到目前具有较大关注度，却缺乏一些新颖性的领域。图3中显示，有14个聚类位于第一、第四象限，其中1、2、3、12、20、24等聚类的关注度较高，聚类2受关注的程度最高。根据聚类2的成员构成可以确定其主要是关于“就业与经济增长”的研究，其他依次是“搜寻与匹配”“经济周期、就业、收入”“性别与工资”“贸易与工资差异”“美国移民”。关于经济增长与充分就业的理论认为，失业率与经济增长存在相关性，短期的失业率增加会导致GDP减少。但也有专家学者通过实证研究，发现并不是每个国家的经济增长与充分就业都符合奥肯定律，而是与奥肯定律相违背的。因此引起诸多国内外学者对该问题的关注，对经济增长与就业增长的关系进行了研究。由于研究视角不同，结论也不尽相同。有学者认为经济增长与就业正相关；还有学者从劳动力市场入手、性别结构、产业结构等来分析，认为经济增长与就业不一致，经济增长并不一定能带来就业增长。

按照新颖度来比较，具有新颖度的领域较多，图3中显示有18个聚类位于第一象限、第二象限。主要有聚类4、5、15、27、33、43、47等，其中聚类33的新颖度最高。根据聚类33的成员构成可以确定其主要是“工会组织”问题的相关研究，其他新颖度较高的聚类依次是“快餐业与最低工资”“收入改革、时间分配”“劳动力技能”“失业率与通胀率”“失业、周期行为、工资粘性”“健康与收入”。工会组织在西方发达国家是一个很受关注的课题，例如，关于工会组织在经济运行中的作用、影响评价等研究。我国工会组织领域研究存在很大的拓展空间，目前也引起国内外学者的关注，但这些关注是近几年才逐渐兴起。按照新颖度指标的含义和计算公式来计算，聚类33中“工会组织”的研究新颖度最高。

五、文献的分类排序特征

（一）国际英文文献发文量居前的国家

根据图4中11 138篇英文学术论文的国家分布来看，劳动经济领域发文量居于前10位的国家依次是美国、英国、德国、澳大利亚、加拿大、意大利、荷兰、法国、西班牙和日本。其中美国发文4 197篇，远远高出其他国家或地区，表明美国学术界比其他国家学术界更重视对劳动经济问题的研究。在发文量前10位国家中没有中国，表明目前中国国内劳动经济领域研究者主要是以发表中文期刊为主，在国际英文期刊上发表学术论文的学者相对较少，尤其是国际上影响因子比较高的期刊上的发文更少，这是国内劳动经济理论学术界需要关注的问题。

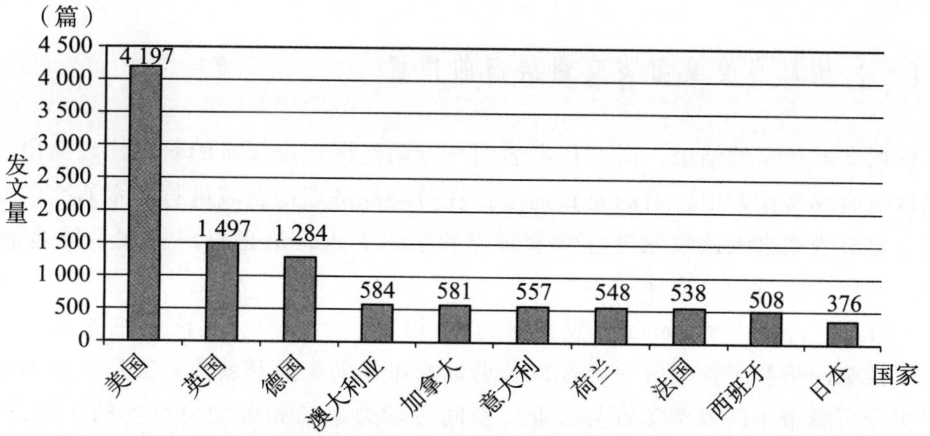

图4　2000～2012年Web of Science中劳动经济领域英文发文量的国家分布

（二）国际英文文献载文量居前的期刊

期刊在一定时期内刊发某一领域学术论文数量的多少，表明该种期刊在这一时期对这个领域的关注程度的高低，尤其是国际上排名比较靠前的著名学术期刊对某一领域的载文量，能够揭示出高端学者对某一领域的关注程度。考察期间的文献计量结果显示如下：

《劳动经济学》（*Labour Economics*）载文量居于第一位（352篇）；

《应用经济学》（*Applied Economics*）载文量居于第二位（296篇）；

《工作、受雇与社会》（*Work, Employment and Society*）载文量居于第三位（185篇）；

《经济行为与组织杂志》（*Journal of Economic Behavior and Organization*）载文量居于第四位（172篇）；

《世界发展》（*World Development*）载文量居于第五位（164篇）；

《经济学快报》（*Economics Letters*）载文量居于第六位（155篇）；

《美国经济评论》（*American Economic Review*）载文量居于第七位（152篇）；

《公共经济学杂志》（*Journal of Public Economics*）载文量居于第八位（152篇）；

《应用经济学快报》（*Applied Economics Letters*）载文量居于第九位（150篇）；

《人口经济学期刊》（*Journal of Population Economics*）载文量居于第十位（146篇）。

其中载文量前三的出版物中，《劳动经济学》和《工作、受雇与社会》是专门的劳动经济学杂志。其中，《劳动经济学》由芝加哥大学出版社出版，其主要登载一些与劳动人事相关的文章及论著，诸如劳资双方关系，工资薪酬水平等；《工作、受雇与社会》是由英国社会学协会创办，主要刊载关于在社会发展和社会结构的大背景下对就业和失业问题的研究性论文。

（三）国际英文文献发文量居前的作者

依据文献计量的结果，高产作者表明在劳动经济理论领域的研究比较突出，在该领域所有发文作者中，有的是长期坚持在劳动经济理论领域进行学术研究的专家学者，也有刚刚进入该领域进行学术研究的学术新人，这里仅对发文量排名前10位的高产作者进行简要概述：

伊维斯·泽诺（Y. Zenou）发文量为23篇，居于首位。其前期主要研究内容是关于社会网络和工作搜寻—匹配以及劳动力市场的失业和就业，其后在此基础上进一步分析城市中的效率工资与失业、空间劳动力市场和劳动力市场的工作搜寻、劳动力的流动与劳动力市场结果之间的关系。

罗杰森（R. Rogerson）发文量居于第二位（20篇），其主要研究内容是劳动力的供给、劳动力的流动、劳动力市场摩擦以及工作搜寻和就业问题。

罗泽尔（S. Rozelle）发文量居于第三位（20篇），其主要聚焦于农村劳动力问题，研究的主要内容是农村劳动力的流动、农村劳动力的自我雇佣、农村劳动力的农业就业和非农就业以及农村劳动力人力资本的积累和收益。

达斯特曼（C. Dustmann）发文量居于第四位（18篇），其主要研究内容是劳动力迁移的相关问题。具体而言，其主要研究了迁移对劳动力市场的影响，第一代移民和第二代移民的教育、就业和工资状况，此外还对在校劳动力供给、工资结构进行了探讨。

查德胡里（S. Chaudhuri）发文量居于第五位（16篇），其主要研究内容是发展中国家的劳动力市场、童工、二元经济体中资本的国际流动对熟练和非熟练工人工资不平等的影响、国外资本流入与工作搜寻、教育和童工之间的关系。

费尔德曼（H. Feldmann）发文量居于第六位（16篇），其主要研究内容是关于劳动力市场表现即就业和失业问题，其分别从转型国家的劳动力市场制度、信贷市场法规、政府规模、劳资关系的质量、劳动力市场监管、法律体系的质量、银行监管和实际利率方面分析劳动力市场的表现。

托洛维斯基（S. J. Turnovsky）发文量居于第七位（16篇），其主要研究内容是关于劳动力供给弹性和收入不平等问题。

萨拉（H. Sala）发文量居于第八位（15 篇），在 2011 年以前其主要研究内容是关于失业和劳动力市场波动，具体分析了失业的原因和影响因素。2012 年则主要研究了菲利普斯曲线和劳动力份额对就业的影响。

博拉迪（H. Beladi）发文量居于第九位（14 篇），其主要研究内容是工资问题（如贸易和实际工资、非正式部门工资、熟练和非熟练工人工资的不平等、全球化和工资停滞等）和熟练劳动力需求。

董（X. Y. Dong）发文量居于第十位（14 篇），其主要研究内容是劳动力市场的性别歧视、农村劳动力流动和农村女性劳动力的供给及时间分配。

由此可见，在国外劳动经济研究领域中，就业与失业、工资、性别歧视与种族歧视以及劳动力的流动问题备受关注。

（四）国际英文文献发文量居前的机构

文献计量结果中可以统计出学术研究机构的发文总量，排名的先后可以表明该研究机构或高等学府在劳动经济理论领域学术研究的关注程度或水平，也能反映出该科研机构的科研队伍的组建成熟与否等问题，还能从中发现在该研究机构中的领军人物等相关信息，本文仅列出劳动经济理论的学术研究发文量居前（超过 100 篇）的大学或研究机构的排名：

“美国国家经济研究局”（NBER）发文量居于第一位（363 篇）；
“德国劳动研究所”（IZA）发文量居于第二位（233 篇）；
“世界银行”（World Bank）发文量居于第三位（190 篇）；
“哈佛大学”（Harvard UNIV）发文量居于第四位（168 篇）；
“欧元区经济政策研究中心”（CEPR）发文量居于第五位（121 篇）；
“芝加哥大学”（UNIV Chicago）发文量居于第六位（118 篇）；
“牛津大学”（UNIV Oxford）发文量居于第七位（113 篇）；
“诺丁汉大学”（UNIV Nottingham）发文量居于第八位（112 篇）；
“墨尔本大学”（UNIV Melbourne）发文量居于第九位（110 篇）；
“澳大利亚国立大学”（Australian Natl UNIV）发文量居于第十位（105 篇）；
“伦敦经济学院”（London Sch. Econ.）发文量居于第十一位（103 篇）；
“伦敦大学学院”（UCL）发文量居于第十二位（101 篇）。

我们不难发现发文量在 100 篇以上的 12 个机构中，有 9 个机构是大学。文献数据信息显示，发文量前 25 位的机构中，21 个机构是大学，如斯坦福大学（Stanford UNIV，99 篇）、阿姆斯特丹大学（UNIV Amsterdam，97 篇）、密歇根大学（UNIV Michigan，96 篇）、伯克利加州大学（UC，Berkeley，94 篇）、康奈尔大学（Cornell UNIV，92 篇）、麻省理工学院（MIT，88 篇）、伦敦大学（UNIV London，88 篇）、多伦多大学（UNIV Toronto，86 篇）、哥伦比亚大学（Columbia UNIV，85

篇）、纽约大学（NYU，85 篇）、威斯康星大学（UNIV Wisconsin，85 篇）、蒂尔堡大学（Tilburg UNIV，84 篇）。

（五）国际英文文献所关注的中国劳动经济问题

在检索到的 11 138 篇文献中，按照中国问题进行进一步精练检索，获得 512 篇以中国为研究对象来研究中国劳动经济问题的文献，占 4.6%。这些文献主要研究了与中国相关的各种劳动经济问题，我们对研究主题按类别可以归为十大类问题，如表 1 所示。

表 1　2000～2012 年 Web of Science 英文文献研究的中国劳动经济领域问题

序号	问题名称	序号	问题名称
1	中国经济增长问题	6	中国非农就业问题
2	中国劳动力市场	7	劳动力流动问题
3	中国工资收入不平等问题	8	劳动力的性别歧视
4	中国劳动力迁移问题	9	就业问题
5	人力资本	10	农民工问题

1. 中国经济增长问题研究

主要包括中国经济结构转变与经济增长、健康投资与经济增长、劳动力对经济增长的贡献、中国劳动力市场转型与经济增长、人口变化在中国经济增长中的作用、中国东西部经济增长和迁移回流效应、中国人口结构变化与经济增长、老龄化与中国经济增长等。

2. 中国劳动力市场研究

主要包括中国劳动力市场流动、中国劳动力市场改革、劳动力市场分割、CEPA 对劳动力市场的影响、中国城市劳动力市场中的工资差异、中国农村劳动力市场、中国劳动力市场的发展、中国劳动力市场转型、中国城市劳动力市场、人民币升值对中美劳动力市场的影响、劳动力市场配置、中国劳动力重组等。

3. 中国工资收入不平等问题

主要包括收入不平等和迁移、中国企业的收入差异、中国城市工资结构、中国农村和城市企业间工资差距、中国地区收入差距、中国劳动力重组对员工收入的影响、中国转型中女性就业和家庭收入不平等、中国制造业的工资性别差异、中国劳动力收入分配不平等、中国城市收入的性别差异、中国城市内部工资差距的原因分析、中国要素收入分配、中国人均收入不平等、中国内部劳动力流动地区间工资差异的边际效应、中国最低工资影响、中国农村和城市的工资两极分化、中国城市剩余工资的不平等、中国城市农民工和城市工人的工资差异、中国农村与城市移民的性别工资差别、中国农村改革对农民收入的影响等。

4. 中国劳动力迁移问题

主要包括迁移与流动、中国迁移限制的影响、中国省际迁移、城乡迁移和工资、迁移和中国农村贫困、中国的劳动力体制、中国农村的迁移经济、农村家庭的迁移、中国城市移民、迁移对农村贫困和不平等的影响、中国城乡迁移是循环迁移还是永久居住、中国户口限制迁移、中国农村劳动力迁移对儿童教育的影响、劳动力迁移和性别关系、中国农村劳动力市场迁移的增加、中国迁移劳动力短缺和农村劳动力剩余的困境、中国农村的劳动力迁移、中国内陆地区的城乡迁移等。

5. 人力资本问题

主要包括中国劳动力低成本、农村女孩低入学率、中国农村男孩和女孩的花费比较、中国农村教育、中国城市的私人教育投资收益、中国农村人力资本外部性和城乡迁移、中国农村的教育不平等、中国城市教育与经济收益、人力资本外部性和知识外溢、中国健康人力资本、中国工业发展的人力成本、中国城乡人力资本差距、中国教育收益率、儒家人力资源管理、中国劳动力资源的替代性、老龄化对经济增长的挑战、中国人口结构变化和老龄化、老龄化对收入不平等的影响等。

6. 中国非农就业问题

主要包括中国非农就业类别的选择、中国非农就业在农村能源消费转变中的作用、中国东南部的非农就业、金融危机对中国农村非农就业和收入的影响、中国非农就业对中国家庭收入的影响、非农就业与农业环境污染关系等。

7. 劳动力流动问题

主要包括迁移与流动、中国劳动力流动限制、中国农村无限剩余劳动力、劳动力流动和人力资本外溢、中国区域发展与劳动力流动、中国农村劳动力流动性约束、户籍制度对中国城市农民工就业流动的限制、放松户口增加劳动力的流动性等。

8. 劳动力的性别歧视

主要包括女性生产力与死亡率、中国女性的工作和家庭地位、中国城市劳动力的性别动态与裁员、种族和性别对中国城市劳动力参与的影响、中国城市的性别工资、中国城市性别收入差异和歧视、中国城市的性别工资差异、中国工业中的男女工资歧视、中国农村女性劳动力的再分配等。

9. 就业问题

主要包括外国直接投资与就业、下岗职工的再就业、失业持续时间和中国再就业工人收入、中国城市失业问题、中国毕业生工作搜寻、中国企业的就业负担、中国城市女性失业的持续时间、非农就业、中国失业问题、绿色就业、中国的高失业与良好经济并存、中国新兴经济体内部迁移导致城市失业问题等。

10. 农民工问题

主要包括中国农民工的经济地位和社会态度、农村家庭劳动力分配、中国农村自我雇佣、中国农民工和农村剩余劳动力的困境、农村劳动力转型、中国农民工的社会保障等。

六、结语

本文采用共词分析、聚类分析和战略坐标相结合的文献计量方法，分类、具体描述了当前国际上劳动经济领域的研究状况、热点和趋势。在本文的研究结果中，我们发现关注度较高的是“就业与经济增长”“搜寻与匹配”“经济周期、就业、收入”等。这说明劳动经济研究领域学者在这几个学术研究内容上的研究较多，符合当前国际经济大背景下的研究状况。而新颖度较高的则是“工会组织”“快餐业与最低工资”“收入改革、时间分配”等。表明在劳动经济领域中，这几个学术研究领域是目前国际上一个较新的、有待于进一步开发的研究领域。此外，我们还进一步归集了国际英文文献发文量居前的国家、期刊、作者、研究机构以及其所关注的中国问题等信息，希望这些分析结论为我国今后的劳动经济理论研究提供参考和借鉴。需要说明的是，我们在本研究中尝试运用了可视化软件和共词分析相结合的方法，一方面它可以直观、全面地揭示劳动经济理论研究领域的研究现状、热点和趋势，但其中可能存在一些局限，诸如“标引者效应”的存在、数据规范化处理的阈值的设定等，这可能对分析结果产生微弱的影响。其虽不会影响我们得出基本的分析结论，但值得今后继续加以研究。

参考文献

1. 崔雷等：《重点学科发展战略情报研究（二）——共词战略坐标》，载于《情报理论与实践》2009 年第 7 期。

2. 韩红旗等：《专利技术术语共现的战略图分析方法》，载于《计算机应用研究》2011 年第 2 期。

3. 郝韦霞等：《基于共词分析的中国能源材料领域主题研究》，载于《情报杂志》2011 年第 6 期。

4. 课题组：《中国劳动经济研究领域文献计量报告：2000～2011》，载于《劳动经济评论》2013 年第 1 期。

5. 沈君等：《基于文献计量指标的关键技术的探寻：以第三代移动通信技术为例》，载于《情报杂志》2011 年第 9 期。

6. 沈君等：《技术坐标视角下的主题分析：以第三代移动通信技术为例》，载于《情报学报》2012 年第 6 期。

7. 杨颖：《国际图情学领域研究热点的引文战略坐标分析》，载于《情报杂志》2011 年第 3 期。

8. Callon, M., A. Rip and J. Law (1986), *Mapping the Dynamics of Science and Technology: Sociology of Science in the Real World*, London: Macmillan.

9. Callon, M., J. P. Courtial and F. Laville (1991), "Co-word analysis as a tool for describing the network of interactions between basic and technological research: The case of polymer chemistry", *Scientometrics* 22 (1): 155 – 205.

10. Chen, C. (2006), "CiteSpace Ⅱ: Detecting and visualizing emerging trends and transient patterns in scientific literature", *Journal of the American Society for Information Science and Technology* 57 (3): 359 – 377.

11. Courtial, J. P. (1994), "A coword analysis of scientometrics", *Scientometrics* 31 (3): 251 – 260.

12. Courtial, J. P. and J. Law (1989), "A co-word study of artificial intelligence", *Social Studies of Science* 19 (2): 301 – 311.

13. Kostoff, R. N. et al. (1997), "Database tomography for technical intelligence: Comparative roadmaps of the research impact assessment literature and *the Journal of the American Chemical Society*", *Scientometrics* 40 (1): 103 – 138.

14. Law, J. et al. (1988), "Policy and the mapping of scientific change: A co-word analysis of research into environmental acidification", *Scientometrics* 14 (3): 251 – 264.

Literature Analysis of Labor Economic Theory Research: Based on the Perspective of Bibliometric Analysis

Luo Rundong　Shen Jun　Xu Dandan

Abstract: Since 2000, the research theory and practical problems of the labor economy has become one of the focuses of economics research. Although there is no lack of studies related to this field but rarely study bibliometric methods for feature location. In this paper by means of literature metrology software CiteSpace Ⅱ, using cluster analysis and strategic coordinate graphic method, labor economic theory 2000 - 2012 within the scope of the international research hotspot and new research direction in order to explore the current labor economy theoretical study on the current status and characteristics. The analysis results show that in the current study of the global labor economy, the research on employment and economic growth is concerned, and the problem of labor union organization is the most innovative research field.

Key words: *labor economy* *literature measurement* *clustering analysis*

中国人力资源管理研究文献计量报告

——基于 CiteSpace 的可视化分析

课题组*

摘　要： 本报告以中国知网（CNKI）的核心期刊论文为基础，运用 CiteSpace 可视化软件，统计分析 2014 年中国人力资源管理领域研究刊发学术论文的现状，通过绘制相应的知识图谱，分别对人力资源管理研究的关键词、高产作者和科研机构等进行定量分析。分析结果展现了 2014 年国内人力资源管理研究的主要方向，阐述了人力资源管理研究的热点问题、高产作者、合作聚类以及主要的科研机构分布状况，表明了人力资源管理研究的特点、学术前沿和发展趋势，为进一步研究人力资源管理的理论与实践问题提供借鉴与参考，以期对我国人力资源管理理论研究的发展有所裨益。

关键词：人力资源管理　Cite Space　文献计量　可视化分析

一、引言

2014 年是中国全面深化改革的第一年，是完成“十二五”规划的关键一年。随着改革的逐步深入，在目前及今后相当长的时期内，中国社会正面临着一系列历史性和战略性的转变，中国经济社会体制的变革演化正处在“市场化转型”的关键时期。在改革进入“深水区”的国内环境和高度动态化、复杂化和不确定化的国际环境下，企业的经营管理也正面临前所未有的挑战。现代管理理念认为，企业实际上是由人力资本和物质资本组成的结合体，人力资本和物质资本如何整合协调，能发挥多大的效用是企业成长的基础和关键，而在企业的一切资源中，只有人力资源是最具有能动性的资源，所以，如何对人力资源管理领域的理论和方法进行研究与创新以提高人力资本的利用效率，就成为当前人力资源研究者与实际管理者必须解决的紧迫问题。

由于我国现代企业管理理论发展较晚，对人力资源管理领域的研究也还处于初级阶段。20 世纪 80 年代是我国人力资源管理的萌芽期，这一时期人力资源管理研

* 本文为山东大学劳动经济与人力资源研究中心罗润东教授主持的“中国劳动经济研究文献计量报告（SD－LEB）”，感谢国家自然科学基金（71573158）、山东省自然科学基金（ZR2014GM004）的资助。报告执笔：王素娟；课题组成员：沈君、付光新。E-mail：wsj0718@163.com。

究主要是对劳动人事管理和人才管理的研究。90 年代，随着企业对人力资源管理的认识发生了根本性的变化，我国学者对人力资源管理的研究视角逐渐趋于多元化并取得了更为丰富的成果，但无论是理论还是实践方面的发展都落后于发达国家。进入 21 世纪以来，社会经济的发展主要依靠知识与技术的力量，而人力资源作为知识创造与技术创新的载体，取代了企业所拥有的其他资源从而成为最重要的战略性资源。目前，我国的经济体制正处于转型时期，所面临的社会与企业管理问题更为复杂，企业的人力资源管理状况呈现出许多经济转轨时期的特点，人力资源管理论的研究还存在很多薄弱点，而企业的人力资源管理实践与管理模式也存在很多问题与弊端。基于此，为了更好地了解我国人力资源管理研究的现状与进展，总结人力资源管理研究的趋势，本文以中国知网（CNKI）的中文核心期刊文献作为数据来源，梳理我国在人力资源管理领域的相关研究文献，以 CiteSpace 的可视化分析为基础，基于多种视角总结人力资源管理研究的热点问题、主要观点和发展趋势，为今后人力资源领域的相关研究提供方向借鉴。

二、人力资源管理研究文献的数据统计

以 2014 年我国人力资源管理研究领域的相关文献为数据来源，按照 2010 年第五版的《中国图书分类法》，获得人力资源管理的分类代码，并编写检索式为："F241 OR F243 OR F244 OR F246 OR F247 OR F249. 21 OR F249. 23 OR F249. 24 OR F272. 92"，检索数据库为中国知网（CNKI）核心期刊，检索论文类别为"经济与管理科学"。

（一）论文年度分布统计

通过对 2014 年发表的人力资源管理方面的论文数量进行统计，结果显示，在核心期刊发表的相关文献共计 2 218 篇，通过对近 6 年发表的相关论文数量的比较分析可以看出，发文量总体呈上升趋势，但在近两年有所下降。其中 2009 年为 2 392 篇，2010 年为 2 411 篇，2011 年为 2 717 篇，2012 年为 2 752 篇，2013 年为 2 249 篇，2014 年为 2 218 篇，刊发论文的年度分布情况如图 1 所示。

根据图 1 分析，从论文发布的数量来看，自 2009 ~ 2014 年，我国人力资源管理研究的论文数量虽然有所浮动，但是总量一直在 2 000 篇以上，说明人力资源管理一直是我国社会研究的重点问题。近 6 年，我国学者对人力资源管理领域的研究成果显示，虽然 2013 年和 2014 年论文数量与之前相较略有减少，但基本处于不断增长的趋势，人力资源管理领域刊发的论文数量总体一直处于较高水平，但由于研究热点与视角的不断变化，每年论文的增长量呈现出不规律性的波动状态。

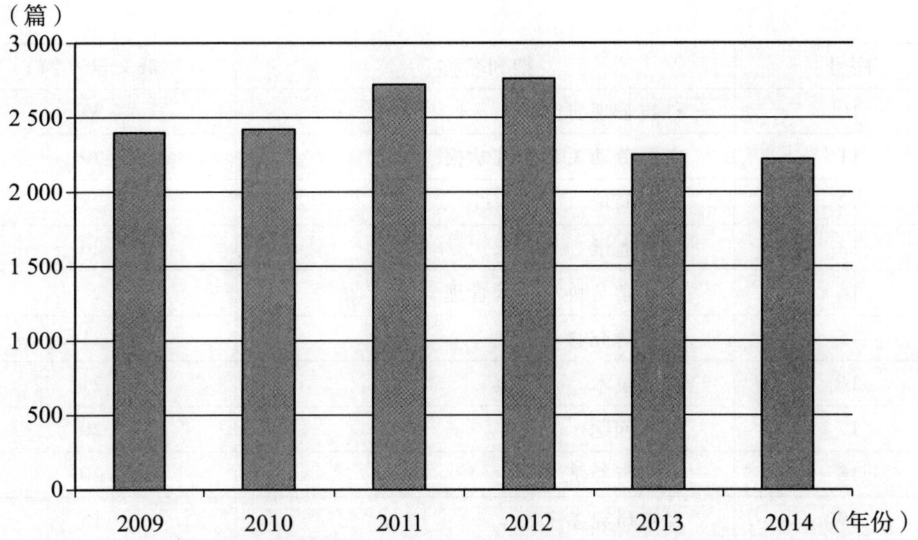

图 1　2009～2014 年人力资源管理研究论文发文量

（二）载文期刊分布统计

通过检索 2014 年在核心期刊上发表的关于人力资源管理论文获得的统计分析结果显示，人力资源管理相关论文几乎分布于目前为止所有种类的经济与管理期刊。这表明，人力资源管理问题已成为近年来理论界研究的重点领域，并且随着社会热点问题和企业管理情景的动态变化，文章中对人力资源管理问题研究的视角、研究方法和研究内容也越来越全面和深入。

表 1 列出了载文量前 20 位的核心期刊。

表 1　2014 年人力资源管理研究载文期刊统计（前 20 位）

序号	期刊名称	载文量（篇）
1	中国人力资源开发	101
2	中国劳动	90
3	企业管理	89
4	中国人力资源开发	89
5	商业经济研究	57
6	统计与决策	42
7	软科学	36
8	企业经济	35
9	管理学报	34

续表

序号	期刊名称	载文量（篇）
10	科技管理研究	33
11	中国劳动关系学院学报	29
12	中国商论	28
13	财会通讯	26
14	科学学与科学技术管理	21
15	经济研究参考	21
16	物流技术	21
17	经济问题	20
18	人口与经济	20
19	经济研究参考	18
20	会计之友	16

根据表1分析，2014年，人力资源管理领域的研究论文分布的期刊种类非常广泛，发文数量较大，这说明人力资源管理领域的研究已经成为学界普遍认同的研究重点。这其中载文量最大的期刊是《中国人力资源开发》，刊文量是101篇，部分期刊是中文社会科学引文索引（CSSCI）来源期刊。这说明，人力资源管理在管理学研究中处于非常重要的地位，是管理学研究的重要方向。而且这些期刊中，除了专业的管理类期刊以外，还涉及经济、统计、财会和科学技术领域具有权威性的一些专业期刊，这说明我国学者对人力资源管理的讨论更加丰富和多元化，跨学科的合作与研究也成为人力资源管理领域的重要方向。

三、数据处理与研究方法

（一）数据处理

为了更有效地运用CiteSpace软件进行数据分析，根据软件的运行需求，首先对下载的相关数据进行了格式化转换，其次针对所获得的原始数据，剔除不属于专业学术论文的公告、会议通知、书评简介、招聘启事、征稿通知、无作者文献等资料，并经过人工筛选，获得有效的论文数据。为了保证软件运行结果的客观性与准确性，对有效数据进行了标准化处理，主要包括剔除相似关键词、缩写词与全称的统一、合并名称变动前后的发文机构等。

运用 CiteSpace 可视化软件进行相关数据的处理，在时间设置上按照选取的可视化主题为关键词、高产作者和作者机构。因此，分别选取“关键词”“作者”“机构”进行文献分类处理。其中，“作者”的阈值设定为每年的前 20 位作者，“关键词”和“机构”的阈值分别设定为（3，2，20），最后，运用 CiteSpace 软件分别进行关键词共现的可视化分析、高产作者的可视化分析和作者机构的可视化分析。

（二）研究方法

本文以人力资源管理研究文献的高频关键词、作者和机构为研究对象，利用共词分析和聚类分析等研究方法对供词网络和聚类图谱进行分析，对我国人力资源管理的现有研究内容和趋势进行探讨。使用关键词为分析对象，是由于关键词的分布频次与特征显示了该学科的总体特征、内在联系和发展脉络及研究重点。近年来，部分学者运用共词分析和聚类分析方法，研究了多个领域文献成果的动态发展，也验证了这些研究方法的科学性、准确性和实用性。因此，本文基于前人的相关研究成果，运用共词分析和聚类分析相结合的方法研究人力资源管理领域的重点文献成果和发展趋势。

1. 共词分析（Co-word analysis）

共词分析法最早出现于 20 世纪 80 年代，是由法国国家科学研究中心的卡龙（Callon）等引入情报领域的一种内容分析和科学绘图方法，提出了共词分析的基础理论和应用实例，是一种常用的共现分析方法之一，属于内容分析法，用于分析同一篇文献中的一组词对的共现关系和共现强度，反映词与词之间的联系，揭示某研究领域的内在结构及变化趋势。这种方法不仅能够描绘学科领域的知识结构，还能结合时间序列揭示学科结构的演变历程。斯科托夫（Kostoff）等根据词频分析抽取了多词词组，并应用邻近词组分析算法，发现了具有代表性的研究主题，以及主题之间、主题与子主题之间的关系，最终运用对等指标（equivalence index）计算了词组之间的链接强度，但关键词的共现被限制在 50 个词左右。

共词分析方法早期主要用于人工智能领域、科学计量学等领域，经过多年的发展，目前国内外专家学者已经将共词分析方法应用到了其他诸多领域，如人工智能、科学计量学、信息系统、能源材料领域、图情学领域、燃料电池和医学领域，等等。其共同的特点是运用词来表征文献的主要内容，通过分析共词关系和强度来揭示该研究领域的热点、前沿和发展趋势。

进行共词分析法的步骤包括：（1）确定信息资源管理领域文献的高频关键词；（2）建立共词矩阵、相异矩阵、相似矩阵；（3）基于共词矩阵选取聚类分析、多维尺度分析、网络分析绘制图谱；（4）进行数据分析。

2. 聚类分析法（Cluster analysis）

聚类分析是数据挖掘中的一种很活跃的文献计量和可视化的方法，依据关键词与关键词之间的共现强度，把一些共现强度较大的关键词聚集在一起形成聚类。划分聚类的算法有很多，如层次聚类、非层次聚类、K 均值聚类、智能聚类等。本文主要采用 CiteSpace 中的谱聚类的方法进行聚类分析。

四、人力资源管理研究文献的可视化分析

CiteSpace 软件可以通过绘制聚类视图显示某个研究领域在一定时期的发展趋势与动向，展示相关研究领域的演进历程。

（一）可视化指标

1. 余弦指数

在共词网络中，节点表示关键词，节点越大表示出现的频数越多，节点间的连线表示两点所代表的关键词存在共现关系，连线的强度，也即共现强度，由余弦指数加以测度。其公式为：

$$\text{Cosine} = \frac{F(A,\ B)}{\sqrt{F(A)F(B)}} \tag{1}$$

式（1）中，F(A) 表示关键词 A 在给定关键词集合中出现的次数；F(B) 表示关键词 B 给定关键词集合中出现的次数；F(A，B) 表示关键词 A、B 共同出现的次数。该指数的取值范围在 0 ~ 1 之间，值越大，表明关键词间的共现强度越高。

2. 频数

频数也称“次数”，是文献计量分析的指标之一，它是指不同节点类型（node types）在某一领域的分析数据中出现的次数，研究者可以通过统计某种节点类型的频数的高低来计量分析某领域的研究现状。国内外的诸多科学计量学研究者应用频数进行了文献计量分析，如罗伯特（Robert）等对加拿大 NRC 确定的 79 个纳米技术关键词进行频数分析；国内学者梁立明对 56 位国际著名情报学家的论著题目进行频数分析；马费成等运用频数分析了国内外知识管理的研究热点；高继平与丁堃以 SCI - E 数据库中的专利文献为分析对象，采用被引频次和词的激增系数相结合的方法预测了专利研究的热点。鉴于手工代码所表征的主题是该领域的关键技术专利，笔者运用可视化软件和文献计量分析法对手工代码的频数进行计量分析。

3. 中介中心性

中介中心性是社会网络分析的主要指标之一，是由弗里曼（Freeman）提出的用于测量网络中个体地位的计量指标。国内外学者将其应用于文献计量分析中，如雷蒂斯托夫（Leydesdorff）将中介中心性作为测量学术期刊的指标；陈超美将中介中心性作为测量科学计量单元的计量指标；林德明等研究了共被引网络中介中心性的分布规律。中介中心性是测量网络节点在网络图谱中对资源控制程度的一个中心性指标，主要衡量各节点在特定的网络图谱中的作用。节点 k 的中介中心性就是网络图谱中所有的最短路径中经过 k 的数量，公式可表示为：

$$B_k = \sum_{k \in \{i,j\}} \frac{C_k(i,j)}{C(i,j)} = \sum_{k \in [i,j]} B_k(i,j) \tag{2}$$

在共现网络中，如果一个节点的中介中心性越高，表明该节点在网络图谱中的最短路径上出现的越多，其他节点与其建立共现关系的可能性越大，更说明该节点在网络图谱中的影响力和重要程度越大。

（二）可视化分析结果

通过运行 CiteSpace 软件，得到人力资源管理研究文献的关键词、高产作者和科研机构的可视化图谱。

1. 关键词图谱

进行关键词分析的目的是要确定人力资源管理研究领域中发文的数量和重点研究的领域，以关键词词频结合内容分析法确定热点。通过对 2014 年度人力资源管理领域相关文献的统计，设定阈值为（3，2，20），运用 CiteSpace 软件生成人力资源管理研究的关键词共现知识图谱，如图 2 所示。

从图 2 中可以看出，在人力资源管理研究领域的文献中，共现频次前 10 位的关键词包括“就业”“绩效”“激励”“人力资源管理”“人力资本”“工资”“人力资源”“劳动关系”“高管薪酬”“经济增长”等，这说明，近年来，对人力资源管理问题的研究主要集中于这些热点问题。另外图 2 还显示，“创新”“培训”“工作满意度”是人力资源领域新出现的研究热点，以这些关键词为核心，构成了人力资源管理研究领域完整的知识网络路径。

在关键词图谱中，“就业”出现的频次最高，其次是“绩效”和“激励”。这说明，近年来，对就业问题的研究已成为我国人力资源管理领域的重要课题。就业是民生之本，是关系到国家稳定、社会和谐与经济健康的重要问题。发展扩大就业数量、改善就业机构和提高就业质量依然是“十二五”期间健全与完善劳动力市场的重要战略命题。因而在人力资源管理领域中，就业问题引起了相关学者的极大

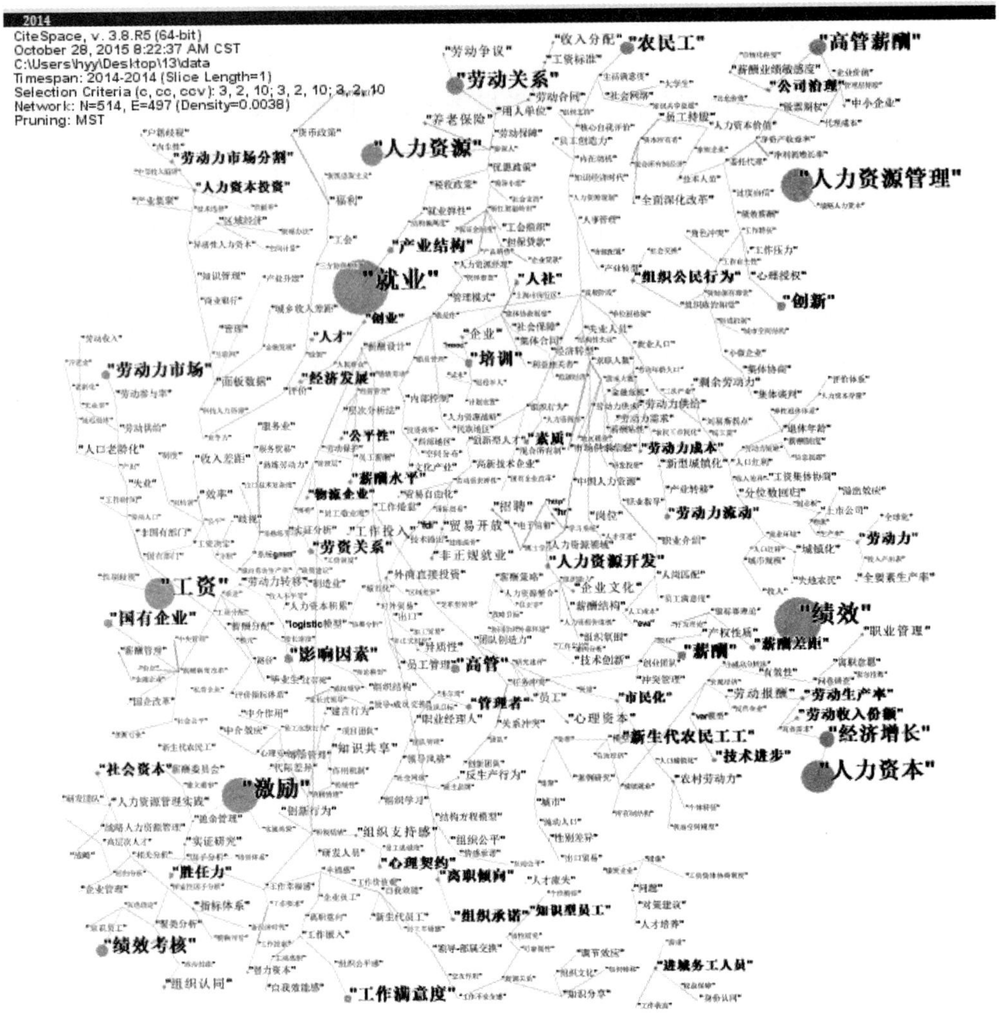

图 2　2014 年度人力资源管理研究的关键词共现知识图谱

关注，并进行了深入而全面的研究，其研究成果为提高我国劳动力就业数量与质量提供了有益的理论支撑和实践指引。另外，随着我国改革步伐的不断加快，所有权与经营权相分离的现代企业制度也被越来越多的企业所采用，与此同时委托代理问题由此产生，从而引起了多种新的矛盾，为了有效地解决这些问题与矛盾，就需要相关理论的支撑与指导，由此，如何建立科学、有效的激励制度和公平、公正的绩效制度也就成为人力资源管理领域研究的重点。

2. 高产作者图谱

通过运行 CiteSpace 软件，在 2014 年度，每年提取发表人力资管理领域的论文数量最多的前 20 位作者，其运行结果显示，学者们在人力资源管理领域的研究成果颇丰，出现了很多高产作者，其知识网络图谱如图 3 所示。

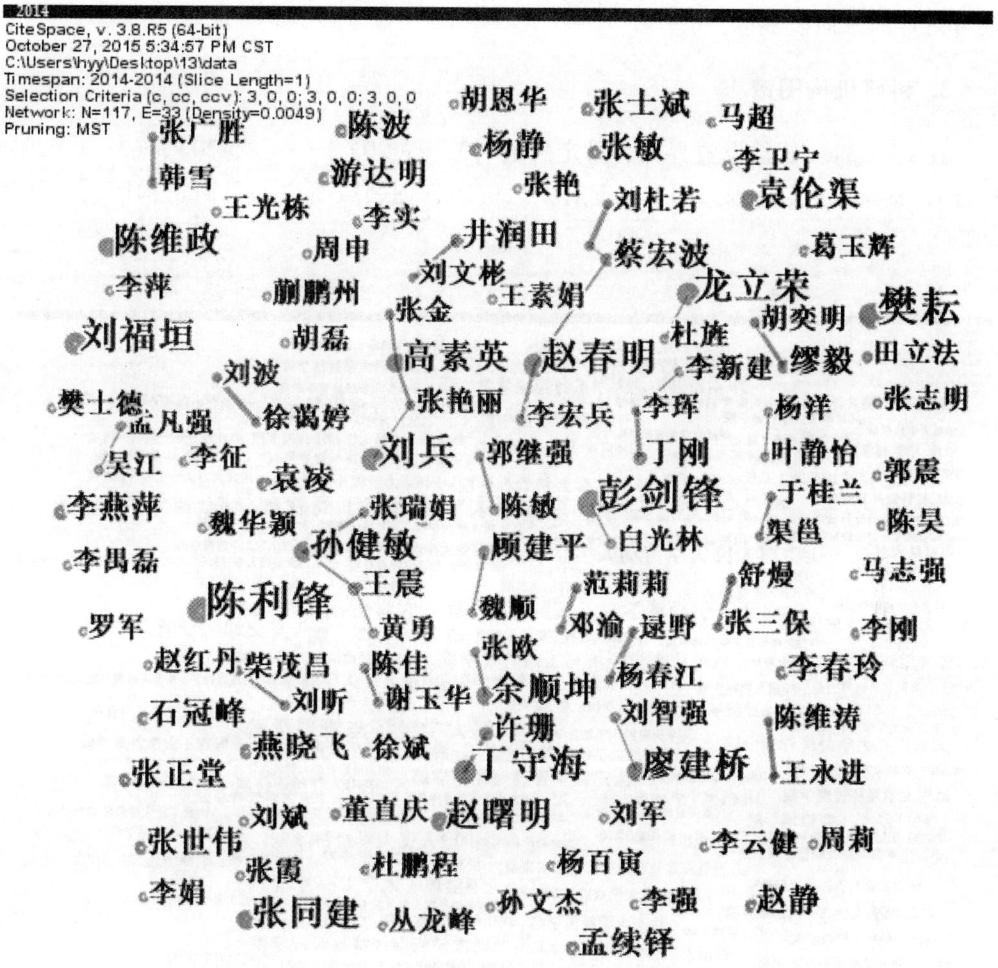

图 3　2014 年人力资源管理领域高产作者知识图谱

图 3 显示了 2014 年人力资源管理研究领域的高产作者，其中，包括第一作者和第二作者在内，以樊耘、陈利锋和彭剑锋发表的文章最多，三人均在 2014 年发表了 7 篇文章，第 4 ~ 16 位的作者分别是赵春明（6）、龙立荣（6）、刘兵（6）、丁守海（6）、刘福垣（6）、袁伦渠（5）、陈维政（5）、孙健敏（5）、赵曙明（5）、张同建（5）、余顺坤（5）、廖建桥（5）、高素英（5）。学者们以多样化的视角研究了人力资源管理领域各方面的问题。其中，樊耘的主要研究重点在于组织承诺、企业文化和员工创新，陈利峰侧重于从经济学角度研究就业、失业以及劳动力市场问题，而彭剑锋则主要是从人力资源管理经验出发，研究和解决在人力资源管理实践中出现的实际问题，并分析人力资源管理学科的发展趋势。另外，其他学者也分别从宏观与微观、理论与实际、过去与未来等多个角度对人力资源进行了深入的研究，所探讨的问题几乎涉及了人力资源管理的所有领域。这也说明，我国人力资源管理的研究体系具有了较强的多元性、丰富性和针对性，并朝着更为成熟和

更为完善的方向发展。

3. 科研机构图谱

在 CiteSpace 软件设置界面，设定阈值（3，2，20）、（3，2，20）、（3，2，20），运行 CiteSpace 后，生成 2014 年度对人力资源管理领域研究的科研机构图谱，如图 4 所示。

图 4　2014 年人力资源管理领域科研机构共现知识图谱

图 4 显示的结果表明，在 2014 年的人力资源管理研究中，高产机构有 195 个。其中发文量最多的研究机构是南京大学商学院，共发表人力资源管理领域的文章 36 篇，其次是北京师范大学经济与工商管理学院，发文 31 篇。第三位是武汉大学经济与管理学院，发表论文 26 篇。第四位是首都经济贸易大学劳动经济学院，发表论文 23 篇。第 5 位至第 20 位的发文机构依次是华中科技大学管理学院（22）、西安交通大学管理学院（21）、中国人民大学劳动人事学院（21）、南开大学经济学院（21）、南开大学商学院（15）、华南理工大学工商管理学院（14）、重庆大学经济与工商管理学院（14）、中国人民大学经济学院（14）、燕山大学经济管理学院（14）、天津大学管理与经济学部（13）、中国人民大学商学院（13）、上海交通大学安泰经济与管理学院（13）、江苏大学管理学院（13）、西南财经大学会计学

院（13）、湖南大学工商管理学院（12）、北京大学光华管理学院（11）。总之，在2014年，我国人力资源管理研究的文献来源机构数量非常多，但几乎所有的机构都集中在全国各大学院校，高等教育机构仍然是人力资源管理研究的主体力量。合作机构也都限于高校之间，产学研合作的机构很少。

五、人力资源管理研究的重点问题

早在20世纪40年代，人事管理就成为企业行政事务主题的内容之一，这是人力资源管理和实践最初在企业管理中作为一项价值消耗活动出现。到了20世纪50年代至70年代，彼得·德鲁克在《管理的实践》一书中提出“人力资源”这一概念，随之产生了人力资源管理的概念。1958年怀特·巴克出版《人力资源功能》一书，第一次将人力资源管理作为管理活动的一项基本职能进行讨论，使得人力资源管理成为专业职能管理的一部分。进入20世纪80年代以后，企业面临的竞争环境更加复杂和激烈，人力资源开始被提升至用以增强企业竞争力的高度，伴随着行为科学和现在组织理论的丰富和发展，强调人力资源管理要符合不断变化的组织环境的要求。进入21世纪以来，社会经济的发展主要依靠知识与技术的力量，而人力资源作为知识创造与技术创新的载体，也取代企业所拥有的其他资源成为最重要的战略性资源。人力资源管理不只是人与事的有效配置，还要完成整个企业的战略配置，支持企业战略实施。

中国对西方人力资源管理理论的早期引入和研究始于20世纪80年代，研究的问题主要集中于劳动人事管理与人才管理领域，主要学者包括王通讯（1985）、赵履宽（1998）等，而王重明（1988）、张德（1990）、时勘（1990）等则将心理学理论引入人力资源管理领域，赵曙明（1991）则致力于将西方先进的人力资源管理理念引入中国，并提出了要对人力资源进行有效开发、合理利用和科学管理。近年来，由于人力资源管理的重要性和紧迫性，在国内学术界激起了研究人力资源管理的热潮，学者们从不同角度对组织的人力资源管理进行了多个方面的研究，并取得了大量的有价值的成果，但与其他传统的管理学科相比，人力资源管理研究的成果还有待于进一步丰富。基于此，本文通过运用可视化软件，对2014年我国人力资源管理领域的研究文献进行了分析。根据结果分析，我国人力资源管理的研究热点与提出的新问题体现在以下方面：

（一）组织环境变化带来就业问题的新挑战

近年来，随着新经济和创业经济时代的到来以及我国市场经济的改革不断深入，企业在高度复杂化、动态化和不确定化的国际国内形势下，必须由单纯地追求劳动力成本降低向追求高素质人才转变，这就对劳动力素质提出了新要求，而劳动力市场的发展相对于企业对劳动力提出的新要求来说则具有迟滞性，因此解决劳动力市场失衡所带来的就业问题日益成为我国社会亟待解决的问题，对此很多学者针对本土以及国际人力资源进行了相关研究。延续了2013年对我国劳动力市场就业问题的研究趋势，在2014年，学者们仍然针对劳动力市场预测与就业战略问题、中国劳动力流动趋势、就业形势、就业制度改革、扩大就业政策等问题进行了广泛的研究，其中，在高产作者前20位中，樊耘主要是基于组织视角，研究员工创新型人格与组织的相关关系以及组织变革对劳动力所提出的新要求。彭剑锋则主要是从人力资源管理经验与实践的视角出发总结了转型时期中国人力资源管理对象出现的新发展。而陈利锋主要是从劳动力成本与货币经济的角度阐述了失业波动与货币经济规律之间的联系。此外，学者们还重点针对大学生的就业困难问题，从就业方向、就业途径、择业心理等角度进行了深入的探讨，并提出了进一步促进大学生就业的合理化建议。

（二）人力资源职能的角色变化带来战略性绩效管理问题

绩效管理是企业人力资源管理中的普遍性难题，在绩效管理问题上虽然有不少学者提出了许多的管理理论和技术，但是在实际实施过程中，由于受到执行者理解能力和实际操作能力的差异，实施效果并不理想，其中主要体现为绩效管理偏离企业战略。绩效管理不能很好地体现和反映企业战略，绩效管理只看重结果而忽视管理过程和员工行为。由于组织和员工缺乏沟通而导致企业绩效目标和员工个人绩效目标不能有效地结合。另外，绩效管理问题还体现在企业绩效管理方法单一、不能及时地根据组织内外环境的变化而变化、缺乏动态适应性等方面。基于此，赵曙明、彭剑锋、史清华、凌文铨等代表性学者进行了较深入的研究，阐述了战略性人力资源管理与企业绩效的关系。

（三）高管薪酬问题

薪酬制度是现代公司治理的重要内容。现代企业两权分离的特点决定了经理行为与股东利益之间存在相悖之处，因此设计有效的高管薪激励机制，将高管行为、个人绩效目标引导到与企业利益一致的方向上，成为现代企业管理要解决的核心问题。薪酬是高管激励最直接最有效的方式，而建立有效的薪酬激励制度，不仅要重视薪酬的绝对水平的公平性，更要关注薪酬结构的合理性，薪酬结构比薪酬水平对高管的激励效应更强。薪酬结构是否合理有效，是影响企业成长的重要因素。近年来，社会对于高管高薪的关注和批评不断加剧，对此，学者们进行了诸多研究，主要集中在高管的薪酬水平及其与企业绩效的关系、高管薪酬结构以及短期激励和长期激励的平衡等方面。学者们通过重新审视高管薪酬结构的内容、特点，深入探讨我国高管薪酬结构对企业成长的影响，重新构建高管薪酬结构的确定机制，增强其体系设计的有效性与激励性，对进一步丰富和完善高管薪酬的激励理论，指导上市公司高管薪酬制度改革具有重要的理论和实践意义。

（四）人力资源生态链管理强调关注劳动力的过劳问题

现代企业管理越来越强调“以人为本”的管理理念，要求企业构建尊重人才的人力资源生态链管理系统，改善和优化人才生态环境，科学用人以实现员工和企业的双赢。而随着我国经济的高速发展，科技的日新月异给劳动者的工作方式、工作时间、工作强度等方面都带来诸多改变，劳动者的工作环境也更为复杂和多变。近年来关于过度劳动而引发的“过劳死”等事件不断见诸报端，过度劳动现象随之引起了社会各界的广泛关注，国内关于“过劳”问题的研究也呈现出了加速增多的趋势，因而劳动者的工作压力和职业健康问题也成为人力资源管理研究的新热点。

（五）技术和工作方式的转变带来的人力资源的全球化问题

信息化和网络化的时代特征大大加快了现代企业全球化的进程，而企业的全球化必然会要求人力资源管理方式的全球化，使得人才的跨地区、跨国家流动更加频繁，形成全球化的人力资源市场，这就要求人力资源管理要具有全球视野，注重不同国家、不同民族、不同地域、不同信仰不同文化背景下的员工的协调发展。现代科学技术的发展使得人力资源管理活动变得更加具有弹性，这就要求企业的人力资源管理职能要从基础和烦琐的低价值管理事务中解脱出来，将人力资源的核心模块投入到对企业战略发展具有更强支撑能力的事务中去，构建企业的核心能力。另外，学者们还从企业文化与人力资源全球化、虚拟化的人力资源管理以及全球化趋势企业管理者素质的要求等角度提出了新的观点。

除了上述研究热点问题外，很多学者还集中研究了人力资源管理领域其他方面的问题，包括组织公民行为、人口资本投资、国有企业与中小企业的人力资源开发、农村劳动力、收入分配、职业管理、创新性人才等。随着经济发展环境与企业管理实践的变化，人力资源管理研究的热点也在不断地转换，但针对社会与企业的需求而言，人力资源始终是社会经济企业发展的核心，因而人力资源管理也必将成为管理学研究领域永恒的主题。

六、结论与建议

基于对 2009 ~2014 年我国人力资源管理研究文献梳理结果，本文运用 CiteSpace

软件，对 CNKI 发表的相关核心期刊论文进行了文献计量分析，主要对 2014 年发表的相关文献，从关键词、高产作者、科研机构等视角，通过可视化图谱的方式，呈现了人力资源管理领域研究的主要问题、高产学者及研究机构的主要贡献。

通过对关键词进行共现分析，提炼了在 2014 年间出现频次最多的关键词，包括就业、绩效激励、劳动关系、高管薪酬、经济增长等，表明了社会各界对这些问题给予了极大的关注并进行了多视角的研究，并取得了丰富的研究成果。

通过对论文作者的可视化分析，显示了在 2014 年，人力资源管理领域取得较多研究成果的作者，本文提取了发表相关论文数量排名前 20 名的作者，基本都是重点高校的研究者。他们的研究内容虽然视角不同，但也互有交叉，既有独立研究的成果，也有合作团队的研究成果。同时通过可视化结果分析，表明在我国，人力资源管理的研究机构基本都是全国的重点高校及其下属的科研院所，发文量较多的高产机构有 200 个，全部都是高等院校，合作机构也都限于高校之间的合作，而高校与社会及企业的合作研究机构却极少。

基于上述文献计量的分析，我们提出以下几点建议：

（1）进一步加深学科研究，构建学科基础共识。通过文献计量结果，我们发现，当前致力于人力资源管理的研究，虽然拥有相对聚焦的代表性文献和相对清晰的研究群体，但探讨的主题较为分散，共同知识基础不明确，参考文献节点集合不太紧密，这意味着人力资源管理研究的共识性知识基础不太明确。因此，对于今后的研究，学者们应该进一步巩固已有的成果，并弥补薄弱之处，关注基础文献，重点梳理国内外的经典著作和文章，构建人力资源管理的研究的思想共识，为本学科的进一步发展提供学理基础。

（2）重视人力资源管理的定位化与本土化研究。在现代企业管理中，新出现的一个突出的问题是人力资源管理角色的定位问题。要明确人力资源管理的战略职能性，注重知识管理在新生代员工管理中的重要作用，加强人力资源的生态链管理，从关注部分精英员工到全员关怀。同时，要关注人才市场竞争的全球化和人力资源管理对象的全球化，既要注重全球跨文化的人力资源管理同时也要加强本土化的研究，构建符合中国人力资源管理情境的规范化、专业化和最优化的现代企业人力资源管理体系，加强产学研合作，最终为企业创造价值。

（3）注重学科的交叉领域的研究，动态把握人力资源管理的热点问题。上述文献计量结果表明，人力资源管理研究呈现出显著的学科交叉特征，表现为对管理学、心理学、社会学、经济学、规划与发展研究等学科的共同研究。这些学科为人力资源管理的更全面、深入研究提供了新的视点、新的议题、新的理论、新的方法，因此，对于今后的人力资源管理研究，学者们要关注这些学科相关问题的研究动向和发展趋势，并借鉴其不同的研究成果，以达到人力资源管理的研究的动态性、科学性、前沿性、综合性和创新性。

由于研究期刊的范围及其他问题的局限，本文仍存在着诸多问题，特别是缺乏对国外人力资源管理文献的梳理研究。今后我们将运用 CiteSpace 等文献计量工具，进一步扩大文献计量的范围，为人力资源管理理论和实践的更全面和深入研究提供有益的参考。

Bibliometric Report on the Field of Human Resource Management in China: Based on CiteSpace Visualization Analysis

Research Group

Abstract: By using CiteSpace visualization software, this report statistically analysed the status of papers in CNKI core journals published in the field of human resource management in China between 2014. And by drawing their knowledge maprespectively, this paper made a quantitative analysis of the keywords, high yieldauthors and scientific research institutions on human resource management study. The analysis results showed the fruitful results of the domestic research on human resource management in recent years, the hot issueson human resource management, high yield author, clustering and distribution of major scientific research institutions of cooperation. And it showed the characteristics of research on human resource management, research and development trends, and also revealed the oneness of the relevant research institutions and the lack of industry-university-research cooperation.

These results will provide reference for further research theory and practice problems of human resource management, hoping it will bring benefits to the research in the field of human resources management in our country.

Key words: *human resource management*　*CiteSpace*　*bibliometrics*　*visual analysis*

人口老龄化的经济社会影响研究述评

王 阳*

摘 要：在老龄化社会，积极应对挑战，变不利人口因素为有利发展条件，事关经济持续发展、社会和谐稳定的大局。已有研究文献涉及人口学、经济学、社会学等学科，运用定量和定性研究方法，分析了老龄化趋势、老龄化对经济增长和社会建设的影响，认为老龄化最直接的表现是老年人口增多和劳动年龄人口相对减少，导致有效劳动力短缺和劳动质量下降，抑制劳动生产率提高和经济增长，同时加剧政府的老年福利开支，并冲击社会保障体系。但是，老龄化促进消费结构调整，老年消费需求催生了新的市场，带来产业结构乃至就业结构优化重构，同时庞大的老年群体还使老年教育事业成为热点，老年人口开发被提上议事日程。

关键词：人口老龄化 经济影响 社会影响 研究述评

老龄化是当前全球人口发展的一个重大趋势。2010 年，全世界 65 岁及以上老年人口占总人口的比重已升至 8%，所有发达国家都已转变为老年型人口结构。我国自 21 世纪初步入老龄化社会，并成为世界上老年人口最多、增长速度最快的国家。2010 年"六普"数据显示，我国 65 岁及以上老年人口达 1.19 亿人，占总人口的 8.87%，超过全世界平均水平 0.87 个百分点。人口问题是一个国家或地区战略决策的最基础依据。较早期的人口学和经济学文献大多着眼于观察人口总量或人口增长率与经济增长绩效之间的关系。但实际上，人口问题更是一个结构性问题，包括人口数量与资源环境、社会生产力的比例关系，以及人口内在质性的素质、年龄、性别，以及族群、地位和空间分布等。20 世纪 90 年代以来，人口年龄结构变

* 王阳，国家发展和改革委员会社会发展研究所助理研究员，经济学博士。本文为中国经济学术基金资助研究课题、国家发展和改革委员会宏观经济研究院重点课题《老龄化社会的新挑战和机遇》（编号：A2015101007）的主要研究成果。E-mail：yeanling_wang@163.com。

化及问题跃升为国内外理论和政策研究的一项重点议题。

老龄化与经济社会存在辩证统一的关系。老龄化既是经济社会发展的产物，是人类社会进步和文明的标志，又会深刻影响经济社会的发展，对经济增长和社会建设提出了更高要求。本研究拟分五个部分对已有研究文献的主要观点作一评述，第一，总结人口老龄化的特点及趋势；第二，论述人口老龄化对经济增长及其主要动力因素的影响；第三，论述人口老龄化对社会建设相关工作的影响；第四，归纳我国抓住人口形势机遇、应对经济社会挑战的主要政策建议；第五，简要的述评。

一、人口老龄化有关问题的探讨

已有研究分析了人口老龄化的特点、特殊性及发展趋势等。

（一）人口老龄化的特点

经过 30 多年的经济高速发展，我国的低生育率和长寿状况已接近乃至达到发达国家的水平，同时人口年龄结构老化在较短的时间快速加剧（陈卫，2010），并已经处在老龄化进程发展的加速时期（田永坡等，2014）。中国的老龄化是经济社会发展与计划生育政策共同作用的结果，尤其是计划生育政策的影响最为巨大（蔡昉和王美艳，2006）。为此，不同于其他已经进入深度老龄化的先进国家，我国的老龄化具有六个显著特点，包括人口老化速度快、老年人口规模大、高龄人口数量与比例大、老龄化存在城乡和地区间的双重失衡、女性老年人口比重大及家庭规模日趋缩小（田雪原，2007）。

人口大规模流动背景下，不同地区和城乡之间具有不同的老龄化进程。一方面，人口流出地比流入地的老龄化程度更深、农村比城市的老龄化程度更深（陆学艺，2010）；另一方面，区域、城乡老龄化程度的差异，又因为农村向城市流动人口的年龄较轻，而在一定程度上出现了消减乃至逆转，人口流动部分地填补了区域和城乡间的老龄化差异（张彬斌，2014）。

（二）人口老龄化的趋势

人口预测是在一定假设条件下，根据人口变动规律对未来人口变动进行的推测。高质量的人口预测取决于可靠的基础数据和科学的预测方法。已有研究根据选用的基础数据，包括户籍登记数据、人口变动抽样数据、人口普查数据等，采用多种人口预测模型，包括分要素人口预测模型（即人口性别年龄模型）、回归模型、神经网络模型、微观仿真模型、系统动力学仿真模型等，对我国未来人口结构变动趋势进行了预测。

一些研究表明，我国老龄化进程将不断推进。基于对中国未来一百年的人口发展趋势预测，21 世纪上半叶，我国老年人口总数会一直保持增加趋势，并于 2053 年达峰值，约为 4.3 亿人，之后开始进入缓慢减少阶段，但到 2100 年时仍将有 3.5 亿以上的老年人口（杜鹏等，2005）。田雪原（2007）采用多区域离散型人口发展模型对 2000 ~ 2050 年中国人口的发展趋势进行了预测，结果显示，2017 ~ 2020 年、2027 ~ 2038 年是人口老龄化加速推进的两个时期，而 2050 年过后不久将达到人口老龄化最高峰，65 岁及以上老年人口比例将在 25% 上下波动。陈卫（2010）立足对生育率、死亡率等指标的结构性分析，预计 2029 年我国 65 岁及以上老年人口规模与比例将首次超过 0 ~ 14 岁少儿人口，并且到 21 世纪中叶，老年人口将占我国人口的 1/4。

二、人口老龄化的经济影响分析

已有研究分析了人口年龄结构老化对经济增长及其主要影响因素的影响。经济增长的主要影响因素有劳动力供给、消费、储蓄和技术进步等。

（一）人口老龄化对经济增长的影响

已有研究选取人口年龄结构的统计指标，借助一定的研究方法，探讨了人口结构变动产生的经济影响。大多数研究认为，经济增长与人口结构存在密切的联系。20 世纪 70 年代初我国实施计划生育政策以后，人口生育率迅速下降，人口年龄结构朝着有利于经济发展的方向变化。刘家树（2007）指出，人均国内生产总值增长率与人口年龄结构、文化素质结构和城乡结构等之间存在一致的发展趋势，通过建模和岭回归分析，该研究还发现，人口结构中的年龄结构指标，即劳动人口所占的比重是影响经济增长的重要因素，而人口素质和人口城镇结构对经济增长也存在正面影响。

究其原因，对于一个依赖劳动力数量投入的经济体，劳动年龄人口不足或老年人口比重过高，都会阻碍其经济增长（Bloom et al.，2003）。因为人口老龄化程度高，国民收入中用于养老、老年看护、医疗保健等非生产性消费支出就会大幅攀升，而私人储蓄和用于生产性投资的公共投资比例就会下降，以至于总产出和人均国民收入增长速度降低。同时，不断上升的老年抚养比，导致经济不断恶化，人们从事工作的热情减少乃至改革阻力加大，冲击经济活力（Peterson and Malaney，1999）。

从世界各国经济发展历程看，经济增长得益于人口年轻化，但是后者并不是前者的充分条件。支持“人口年轻化有利于经济”的研究较多。日本第二次世界大战后“婴儿热”时出生的人口在经济高速增长时期已达到劳动适龄人口，为该国经济发展提供了丰富的劳动力资源（蔡昉和王美艳，2006）。威廉姆森（Williamson，1997）发现，在欧洲和北美17个国家中，新大陆的人均GDP增长率比旧大陆高0.47个百分点，而最大的原因是新大陆的人口年龄结构较轻。因为采取了年龄选择导向的大规模人口迁移，新大陆提高了其人口结构的生产性。布卢姆和威廉姆森（1998）指出，东亚、东南亚和南亚收获人口红利的时间依次往后，可以解释三个地区间经济增长率的差别。王德文和蔡昉（2006）指出，年龄优势使美国高于法国人均GDP增长0.3个百分点。支持“人口年轻化与经济没有强关联”的研究也有。张车伟（2010）认为，新加坡和泰国都是人口年轻化的国家，但前者是最富裕的亚洲国家，人均GDP超过3万美元，而后者却是最穷的国家，2005年人均GDP仅有600多美元。

（二）人口老龄化对劳动力供给的影响

已有研究文献从数量和质量两个角度展开研究。

1. 对劳动力供给数量的影响

研究者基本支持人口老龄化影响劳动力资源供给，但对影响的方向和大小却有分歧。认为“劳动力供给减少”的一方，使用人口预测等经验数据，列举了人口年龄结构变动趋势、劳动力市场供求变化、“招工难”和“用工荒”现象，及普通劳动者工资上涨形势，断言中国人口红利逐渐消失和刘易斯转折点到来（《人口研究》编辑部，2009；蔡昉，2010）。认为下判断为时还早的一方，强调人口转变并不意味着可以用社会抚养系数来评价一国人口与经济的关系，何况中国尚有1亿多剩余劳动力，若将之纳入非就业人数统计，就足以证明通过抚养系数来认识人口与经济的关系存在较大的偏差（穆光宗，2008；张元春和孙立，2009）。

随着人口老龄化程度的不断加深，我国总劳动参与率及劳动力供给数量受到了进一步影响。黄健元和王欢（2014）指出，如果中国的总和生育率维持在现有水平，劳动年龄人口数量将于2015年以后出现负增长。如果总和生育率继续下降至很低的水平（TFR = 1.35），则中国的劳动年龄人口规模会急剧收缩，即便将中国的总和生育率提高至联合国人口预测中方案（TFR = 1.84）的水平也并不能阻止劳动年龄人口在2015年以后的缩减。此外，在分年龄劳动参与率维持不变的情况下，人口老龄化会通过降低总劳动参与率来削减有效的劳动力供给数量，届时年轻人口的劳动参与率很有可能继续其进一步下降的历史趋势。

2. 对劳动力供给质量的影响

研究者主要关注劳动力年龄结构“老化”而对身体健康、人力资本和劳动生产率等的冲击。按照生命周期理论，年龄因素是解释个体生产能力和经济行为的重要变量，不同年龄劳动力不能相互地完全替代。发达国家的经验证据显示，“年龄—劳动生产率”分布呈现倒“U”型曲线，年轻劳动力的劳动生产率较低，随后通过经验积累带动劳动生产率提高，而接近退休时又出现生产率下降。即使年龄别劳动力的生产率不变，年龄老化也会改变总的劳动生产率（Boockmann，2010；魏下海，2015）。年轻力壮的劳动力和处于接近衰老的劳动力对经济和生产率的影响存在很大差别，老年劳动力接受新事物能力下降，创新精神不足，不能适应技术革新和产业结构调整所带来的职业变化（Guest and McDonald，2004）。康建英（2014）基于人口普查资料，构建了劳动力的年龄别人力资本存量，分析了人力资本对于综合要素生产率的贡献，发现老、少劳动力年龄组对综合要素生产率的贡献为负值，说明相应组别的劳动力存量较低，限制了人力资本外溢作用的发挥。

当然，劳动年龄人口老化对劳动生产率一定存在弊大于利的影响，也有争论。乐观者认为，劳动增长率缓慢不会削弱技术进步的动力，反而有助于资本密度上升和劳动生产率提高（Mukul，G. A.，1998），并且在技术密集型的行业部门，老年劳动力的生产效率并不比年轻劳动力低（陆学艺，2010）。袁蓓（2014）立足劳动力非完全替代假设，探讨了劳动力老龄化对未来我国劳动生产率的影响，发现劳动力老龄化程度与劳动生产率变化趋势并非是完全同步的；在不同的劳动力替代弹性下，2010 年之后我国劳动生产率都将低于 2000 年的水平，而下降持续的时间和幅度与劳动力替代弹性相关；劳动力老龄化对劳动生产率的影响存在差异，不同年龄段劳动力的替代弹性越小，劳动力老龄化对劳动生产率的影响就越大，反之则越小。

可见，要研判劳动力年龄结构老化对劳动生产率的影响大小和影响方向，需要根据一国或地区产业结构的特点以及人力资源情况等进行具体分析。

（三）人口老龄化对消费和储蓄的影响

消费是拉动经济增长的一大动力，而人口结构能影响消费与储蓄在国民收入中的分配比例。不同年龄人群的产出、消费和储蓄行为存在系统性差异，当某年龄段人群占据总人口主要比重，则该群体行为模式就影响经济增长（《人口研究》编辑部，2009）。沿个人年龄历程看，储蓄会依年龄增长而呈现先升后降的趋势，尤其是在进入劳动年龄之后的时期。所以，若劳动年龄人口占总人口比重大，则他们个人储蓄的和就会提高全社会的储蓄率，并降低抚养比；同时，可减轻承担抚育和赡养的经济负担，使家庭相关支出减少，从而提高家庭储蓄比例。

20 世纪 90 年代至今，人口结构与消费和储蓄关系就一直是国内外学者热衷研究的议题，尤其是人口年龄结构已被证实可通过微观和宏观两种机制来影响居民消费或储蓄率。微观机制立足生命周期理论，揭示理性消费者依据其一生收入来安排消费与储蓄，并将一生的预期总收入在不同年龄阶段进行最优配置，以取得跨期效用最大化。为此，一个人在未成年期和老年期会进行负储蓄，消费多于收入；但在成年期将进行正储蓄，消费少于收入。若一国劳动力人口比重大，则总储蓄率较高；反之亦然，当儿童和退休人口与劳动力人口之比上升时，则总储蓄率下降。若考虑退休人口的遗赠或预留一些储蓄备用，则它们会部分抵消因老龄人口比重上升而引起的总储蓄下降（Hurd，M.，1990）。宏观机制的原理表明，如果社会为个人配备的资本存量不变，那么由劳动人口减少而节约的投资可转化为消费，从而推动人均消费水平上升。进一步说，若儿童人口比重下降引起的消费增长大于老年人口比重上升引起的消费减少，那么社会人均消费水平也会上升（Lee，R. and Mason，A.，2006）。此外，生命周期理论还给出了大量关于经济增长与年龄结构交互影响的预测。“可变增长率”模型可用来分析年龄结构对储蓄的影响，经济增长决定了个体生命周期的财富水平，而后者决定处于不同年龄的个体的储蓄倾向。

反观国内，人口结构与消费和储蓄关系问题，伴随经济高速增长与国民储蓄率的大幅提高，在过去二十多年快速成为我国学者研究的热点主题之一，研究角度多元，研究结论丰富。首先，持两者存在正相关关系的典型研究，如中国人民银行课题组（1999）认为，高储蓄率主要受经济增长率和居民抚养系数的影响。这与一项针对亚洲国家和地区人口结构变化对消费储蓄比例影响的分析结论基本一致。

其次，略有不同观点的研究主要有：王德文等（2006）指出，中国人口转变对储蓄率有显著的正向影响，但随着老龄化进程加速，人口转变对储蓄的贡献率将被弱化。汪伟（2009）也提出，经济增长对储蓄率上升的贡献会随人口老龄化程度的加深而被减弱，但也会随适龄劳动人口数量的增加而被强化。陈如和李杏（2010）将老龄化进一步分解为老年抚养率、人口增长率和劳动人口增长率三个指标，并与储蓄率的关系作了验证，发现老年抚养率与储蓄率存在显著正相关性，但人口增长率和劳动人口增长率都与储蓄率存在显著负相关性。

最后，还有得到完全不同结论的研究，如王欢和黄健元（2015）认为，人口年龄结构对消费的影响具有时期效应，与进入人口老龄化阶段之前相比，我国城、乡老年抚养比相对于少儿抚养比对消费变化的影响更大；此外，少儿抚养比通过家庭收入增长率对城镇居民消费具有显著偏效应，老年抚养比则通过家庭收入增长率对农村居民消费具有显著偏效应，这说明伴随着人口年龄结构的转变，城乡居民分别在子女照料、老人赡养等方面作出了消费倾斜。

（四）人口老龄化对技术进步的影响

人口结构变化会通过影响技术进步的速度来对经济增长产生影响。人口老龄化会降低整个社会吸收新知识和新观念的速度，导致技术创新能力下降，从而容易诱发政府采取贸易保护主义措施来保护国内劳动力市场，削弱技术进步和灵活劳动力市场对经济长期增长的贡献作用（Krugman，P.，1994）。根据欧盟的预测，劳动力供给冲击和公共财政冲击对欧盟和日本未来经济增长率的影响大约为0.5个百分点，对美国的影响大约为0.25个百分点（UN，2008）。邓明（2014）分析了人口年龄结构变动对技术进步方向的影响，发现在均衡状态，老年人口抚养比的提高将导致技术进步偏向于劳动力，并证明老年人口抚养比对技术进步方向的影响，表明如果不控制要素价格扭曲，老年人口抚养比与技术进步方向之间的关系并不显著，但在控制要素价格扭曲之后，老年人口抚养比越高，技术越偏向于劳动力。此外，劳动力价格扭曲导致了技术偏向于资本。

三、人口老龄化的社会影响分析

已有研究论述了人口老龄化对加强社会建设相关工作的影响，主要的议题是社会保障和教育事业。

（一）人口老龄化对社会保障的影响

人口既是社会保障的对象，又是决定社会保障制度模式可持续发展的重要变量。随着近年来我国老年人口比例的迅速提高，在经济发展水平还不高的情况下，面对较高的老年人口比例和数量庞大的老年人口，我国的养老负担将非常沉重，现行的社会保障制度面临着诸多挑战。以养老保障为例，陈如和李杏（2010）根据我国养老保险制度的特点，指出人口结构与该项制度之间存在“五大矛盾”：一是人口结构变化趋势与现收现付制的社会统筹制度之间的矛盾；二是老龄化程度严重与养老保险低覆盖之间的矛盾；三是老年人口贫困与养老保障水平降低之间的矛盾；四是人口转变进程的区域差异与养老保险统筹层次提高之间的矛盾；五是农村更为严重的老龄化与农村养老保障制度整体缺失之间的矛盾。现收现付制是建立在劳动年龄人口规模大、比重高，并且人口抚养比低的基础之上的，如果上述条件发生变化，则要求有更高的劳动生产率来支撑，否则这个制度就是不可持续的（蔡昉，2010）。针对养老保险制度改革的取向，蔡昉和孟昕（2013）曾进行了一项模拟研究，发现我国如果将现行的现收现付养老保障制度改变为完全积累的个人账户制度，那就意味着至2020年，将有相当一批退休人员可以不依靠或不完全依靠现收现付制度养老，从而可以大幅降低社会养老负担率。田永坡等（2014）则立足我国现有的社会保障体系和劳动力市场状况，以养老保险的“统账结合”模式为例，指出增加“统账结合”模式中个人账户的比例，将会对居民的人力资本投资产生一定的激励作用，并延缓其退出劳动力市场的时间，从而缓解人口老龄化对经济和社会发展带来的压力。

鉴于我国老龄化速度较快、达到的水平较高和时间、空间分布不平衡等特点，一些研究文献还关注到了老年人口的社会保障需求，以及老龄化给老年照料、医疗保健等造成的影响。王美艳（2006）指出，80 岁及以上高龄老人因体弱多病需要经常性特别照料的比例，等于 65 ~ 79 岁老人的 5 倍左右。张翼（2007）发现，老龄化水平的升高已显著增加了老年抚养比，特别是那些有大量年轻人口流出的省份，常住人口抚养比上升导致照料老人负担加剧。陈卫（2010）认为，目前我国缺乏一个广泛的、能够为快速增加的老年人口提供基本的经济支持的社会保障和养老金制度，尤其是在农村地区，大部分老年人口不能享受任何形式的养老金；此外，与多数发达国家相比，我国人口能够享受各种类型的卫生保健的比例也相当低。张彬斌（2014）、李静（2015）则指出，人口老龄化的一个显著后果就是社会适龄劳动人口比重降低，劳动力供给将出现短缺，未来的劳动人口需要通过公共养老金计划或者家庭资助的形式承担抚养老人的责任。

（二）人口老龄化对教育事业的影响

教育部门是一个重要的人力资本生产部门。我国人口结构的变化对教育资源总量和结构都会产生一定的影响。在对教育投入总量的分析上，都阳（2009）根据受教育年龄人口对教育投入进行标准化，并对教育投入水平进行了国家比较，认为我国标准化后的实际公共投入为 GDP 的 2.4%，略低于印度的 2.7%，远远低于发达国家的水平。在对教育投入结构的分析上，发现无论是在小学阶段，还是在初中、高中阶段，在校生总量规模预期都会在总体上呈现先降后升的变化趋势，其中，小学阶段的情况最为明显，而初中、高中阶段的变化趋势发生转折点的时间要晚于小学阶段。

立足人力资本、劳动生产率与比较优势的内在逻辑联系，胡晓和赵鹏程（2013）分析了我国人口年龄结构变化对教育事业发展带来的机遇和挑战，指出劳动力供给中实际包含着人力资本因素，通过深化教育，人口年龄结构的变化将对人力资本积累产生更多积极影响，甚至人口结构的变化还会为扩大和深化教育创造一些新的有利的条件。董之鹰（2014）认为，人口转变引起的年龄结构变化，表现为接受基础教育的人口（即年龄在 5 ~ 14 岁的少儿人口）规模及其占总人口的比例呈下降趋势。与这个下降趋势相对应的则是劳动年龄人口相对滞后的变化轨迹，即后者呈现先上升随后稳定继而下降的预期变化。这两个年龄组人口的变化关系，会结合成为一个劳动年龄人口抚养在学年龄人口数量的下降趋势。这个现象的经济含义是，教育资源的制约会随人口结构的变化有较明显的缓解，从而国家、家庭和社会可以把更多的资源用于教育的进一步扩大和深化。

四、主要的政策建议

已有研究立足应对老龄化挑战、变不利人口条件为有利发展因素的目的，提出了广视角和多维度的建议。

（一）完善经济社会领域的相关政策

在经济领域，主要是消费和税收政策。应根据本国的文化、经济和社会特征，以及当前及未来一段时期随老年人口、劳动力人口和少儿人口变化而带来的需求结构变动，制定和调整消费和税收政策。其中，制定政策时要将老年人口同其他两个年龄群人口联系起来综合考虑，注意不同年龄人口变化的需求和作用，特别是要充分考虑各年龄群人口的需要和财力，实现公共消费的分配和适当的平衡。此外，还应注重平衡地区间在人口、经济和地理等方面的差异性，相关改革应推动形成针对不同年龄人口消费政策的联系机制。

在社会领域，主要是生育、退休、户籍和社会保障等政策。一是调整生育政策，在稳定低生育率的前提下，保持劳动年龄人口的适度比例。二是参考美欧等发达国家及日韩等东亚国家经验，实行弹性退休制度，逐渐放宽退休年龄限制，延长劳动者、特别是脑力劳动者的退休年龄。三是制定引导人口合理流动、有序迁移的政策。把握新型城镇化发展机遇期，深化户籍制度改革，促进基本公共服务常住人口全覆盖。通过市场机制和政策调节引导人口迁移，在全国范围、在一定时期，缓解老年型地区“年轻人赤字”问题，解决年轻型和成年型地区“老年智力人才不足”问题，激活人口发展的自我调节功能。四是完善社会保障制度。改进养老保障模式，完善配套的税收政策，鼓励子女为老人提供家庭养老基金及与老人同住。建立可携带的农民工社会保障账户，提高以农民工为重点的社会保障覆盖率，加快农村社会保障服务体系建设。

（二）推动产业结构的调整升级

转换经济增长方式，使国内生产总值增长同居民消费需求增长保持一致，内需增长与出口增长保持一致，短期增长与可持续增长保持一致。根据各区域的资源优势，结合当地人口结构变化现状与未来发展趋势的特点，制定产业结构调整战略。一方面，推动劳动密集型产业向知识和技术密集型产业转型升级，促进社会生产发展；另一方面，积极发展老龄产业，鼓励和引导老年用品市场的发展。以

“招工难”为契机，加快沿海地区产业升级转移，及中西部地区产业的承接，保持经济持续增长。

（三）发展教育和技能培训事业

后发国家实现经济追赶的经验表明，在追赶过程中应大力发展教育，尽快缩小与被追赶国家劳动力素质的差距。为此，我国要狠抓国民素质，使年轻人在成长期间有丰富的人力资本储备。优化教育资源配置，扩大教育特别是高中阶段的普通教育和职业教育。扩展受教育时间，加强对就业者培训，形成终身学习型社会。同时，抓住关键领域如青少年健康素质、妇女生殖健康和劳动者健康和工伤保险等，大力改善全民健康素质。加大对职业教育和培训的财政投入，鼓励民营机构和社会力量办学，加强对职业教育和培训的办学、教学质量等的监督。加快高等教育体制改革，提高普通高中与中等职业教育入学比率。优化传媒产业和教育产业结构，建立面向各类人群、特别是老年群体的教育网络。完善促进人力资源开发的法律法规及配套政策，支持推进再教育和终生教育，并加大经费投入，形成人力资源投资与回报的合理机制。

（四）完善老年人口服务保障体系

老龄化国家政府特别是发展中国家政府，应重视老年保障制度建设，加大针对老年人项目的转移支付力度，加强公共部门对老年人的服务。建立一套合理、可信和畅通的老年保障财政支出体制，加强资金运营和监管。积极改革养老金、医疗保险制度，重视社会老年人的照料和护理。借鉴日本等国经验，将护理保险制度纳入社会保障制度体系，并以法律法规的形式加以固定，加强对老年人的护理服务。制定推进老年人保健福利计划战略的“黄金计划”，增加老年人的社会福利设施，为低收入的老年人提供上门服务和家庭护理。

（五）扩大并保障科技经费投入

以降低储蓄率、提高生产力为目标，加速科技进步，促进科技创新。加大教育和研发投入，通过技术进步降低个人最优储蓄率，提高资源的利用效率，使得我国的储蓄率向黄金律要求的水平趋近。改革教育投资机制，把对于教育的意愿投资转化为实际投资，未来劳动力素质的提高可以成为技术进步的重要源泉。推进研发工作，直接通过创新获得垄断利润，或通过模仿和技术转移来缩小甚至消除与发达国家的收入差异。鼓励技术密集行业发展，以科技促进生产力和社会经济的发展。

五、简要的述评

21 世纪是人口老龄化的世纪，世界人口从进入老龄化到基本稳定将主要在 21 世纪完成。已有研究文献分析了老龄化趋势、老龄化对经济增长和社会建设的影响，并提出了应对挑战、把握机遇的政策建议。已有研究涉及人口学、经济学、社会学、统计学等学科，综合运用定量和定性研究方法，得出了丰富且有参考价值的成果，为本研究开展更深入的研究提供了参考。

尽管中国已经步入老龄化社会，且是世界上老年人口最多、增长速度最快的国家。但在目前的宏观政策上，仍然是提振消费、优化产业结构、转变经济增长方式的有利时机。我国仍处在“人口红利”集中释放的“时间窗口”，应将老年人口增多和劳动年龄人口相对减少等对经济和社会的不利影响，战略性地转化为积极的促进经济社会发展的动力，推进产业升级和转移，带动就业结构调整，同时通过增加教育和科技投入，加强对劳动力的技能培训，培养高素质的劳动者，以此加快人力资本积累的速度，提高核心竞争力，实现经济持续健康发展、社会和谐稳定。

参考文献

1. 《人口研究》编辑部：《从“民工荒”到“返乡潮”：中国的刘易斯拐点到来了吗?》，载于《人口研究》2009 年第 2 期。

2. 蔡昉：《人口转变、人口红利与刘易斯转折点》，载于《经济研究》2010 年第 4 期。

3. 蔡昉、孟昕：《人口转变、体制转轨与养老保障模式的可持续性》，载于《比较》2013 年第 10 期。

4. 蔡昉、王美艳：《“未富先老”与劳动力短缺》，载于蔡昉主编：《中国人口与劳动问题报告 No. 7——人口转变的社会经济后果》，社会科学文献出版社 2006 年版。

5. 陈如、李杏：《人口结构变动与中国城乡居民储蓄率》，载于《学海》2010 年第 3 期。

6. 陈卫：《改革开放 30 年与中国的人口转变》，载于《人口研究》2010 年第 6 期。

7. 邓明：《人口年龄结构与中国省际技术进步方向》，载于《经济研究》2014 年第 3 期。

8. 董之鹰：《试析我国改革开放以来老年教育的发展历程》，载于《社会科学管理与评论》2014 年第 1 期。

9. 都阳：《教育资源整合和资源均等化》，载于蔡昉主编：《中国人口与劳动问题报告 No. 7——提升人力资本的教育改革》，社会科学文献出版社 2009 年版。

10. 杜鹏、翟振武、陈卫：《中国人口老龄化百年发展趋势》，载于《人口研究》2005 年第 6 期。

11. 胡晓、赵鹏程：《老年教育事业发展的制约因素与对策》，载于《求索》2011 年第 2 期。

12. 黄健元、王欢：《人口老龄化对经济社会发展的影响及其对策研究——以江苏省为例》，科学出版社 2014 年版。

13. 康建英：《人口年龄结构转变对我国综合要素生产率的影响——基于人力资本的视角》，

载于《西北人口》2014 年第 3 期。

14. 李静：《社会保障预期、出生率与人口质量》，载于《中国软科学》2015 年第 2 期。

15. 刘家树：《我国人口结构与经济增长关系实证分析》，载于《安徽工业大学学报》2007 年第 2 期。

16. 刘元春、孙立：《“人口红利说”：四大误区》，载于《人口研究》2009 年第 1 期。

17. 陆学艺：《当代中国社会结构》，社会科学文献出版社 2010 年版。

18. 穆光宗：《中国的人口红利：反思与展望》，载于《浙江大学学报》2008 年第 3 期。

19. 田雪原：《21 世纪中国人口发展战略研究》，社会科学文献出版社 2007 年版。

20. 田永坡、郑磊、曹永峰：《人口老龄化、社会保障与人力资本投资》，载于《财经问题研究》2014 年第 2 期。

21. 汪伟：《经济增长、人口结构变化与中国高储蓄》，载于《经济学》（季刊）2009 年第 1 期。

22. 王德文、蔡昉：《人口红利的获得与丧失》，载于蔡昉主编：《中国人口与劳动问题报告 No. 7——人口转变的社会经济后果》，社会科学文献出版社 2006 年版。

23. 王欢、黄健元：《中国人口年龄结构与城乡居民消费关系的实证分析》，载于《人口与经济》2015 年第 2 期。

24. 魏下海：《人口老龄化及其对劳动力市场的影响——来自 G20 的经验证据》，载于《社会科学辑刊》2015 年第 2 期。

25. 袁蓓：《劳动力老龄化对劳动生产效率的影响——基于劳动力非完全替代的分析》，载于《生产力研究》2014 年第 14 期。

26. 张彬斌：《新中国 60 年人口发展轨迹——兼谈中国未来劳动力供给》，载于《重庆理工大学学报》（社会科学）2014 年第 8 期。

27. 张车伟：《“人口红利”与中国经济持续增长前景》，载于《人口与计划生育》2010 年第 8 期。

28. 张翼：《我国人口结构几个新的重要变化》，载于《中国经贸导刊》2007 年第 3 期。

29. 中国人民银行课题组：《中国国民储蓄和居民储蓄的影响因素》，载于《经济研究》1999 年第 5 期。

30. Bloom, D. and D. Canning, “From Demographic Lift to Economic Lift-off the: Case of Egypt”, *Applied Population and Policy*, 2003 (1): 15 – 24.

31. Bloom, D. and Williamson, J., “Demographic Transitions and Economic Miracles in Emerging Asia”, *World Bank Economic Review*, 1998, 12 (3): 419 – 455.

32. Boockmann B. Cohort Effects and Returns to Education in West Germany. Discussion Paper Centre for European Economic Research, 2010.

33. Guest, R. and I. McDonald, “Would a Decrease in Fertility be a Threat to Living Standards in Australia?” *Australian Economic Review*, 2004, 35 (1): 29 – 34.

34. Hurd, M., “Research on The Elderly: Economic Status, Retirement and Consumption and Saving”, *Journal of Economic Literature*, 1990 (28): 565 – 589.

35. Krugman, Paul, “The Myth of Asia's Miracle”, *Foreign Affairs*, 1994, 73 (6): 62 – 78.

36. Mukul G. Asher, “The Future of Retirement Protection in Southeast Asia”, *International Social Security Review*, 1998 (51): 1/98.

37. Peterson, C. and Malaney, N. , "Demographic Change and Economic Growth in Asia", CID Working Paper, 1999, No. 15.

38. Ronald Lee and Andrew Mason, "What Is the Demographic Dividend?" *Finance & Development*, 2006 (9): 16-17.

39. United Nations, "Population Division of the Department of Economic and Social Affairs of the United Nations Secretariat (2008)", World Population Prospects: The 2008 Revision.

40. Williamson, Jeffrey, "Growth, Distribution and Demography: Some Lessons from History", NBER Working Paper Series Working Paper 6244, 1997.

A Review on the Aging Population's Effects on both Economy and Society

Wang Yang

(Institute of Social Development, NDRC, Beijing, China, 100038)

Abstract: It's vital to turn the unfavorable factor to the favorable ones in aging society. The former researches analyze the trends of aging, the influences of aging on economic growth and social construction, and also propose lots of positive suggestions. These papers point out that, the increasing aging people and the comparatively decreasing young people are the two directed results, as a result that, the valid labor force is in shortage and the labor quality is down, and also restrict the labor productivity rate and economic growth. Meanwhile, the aging society affects consumption structure and call for the new market of aging, so that there are changes in industries' structure and employment structure. As the aging time goes, the high demand of aging welfare is rising the public spending, and then laying a heavy pressure on social security. Human resource development of aging has been on the agenda and the education fairs are boosted.

Key words: *aging population* *economic effects* *social effects* *review*

中、日、韩三国人口老龄化对储蓄率的影响研究

刘 文 别安姊*

摘 要：中、日、韩三国是东亚地区人口老龄化最严重的国家，三国人口老龄化对储蓄率的影响形成“东亚特色”。本文利用中、日、韩三国 1980～2014 年的老年抚养比、少儿抚养比、人均 GDP 和存款利率等数据，通过 VAR 模型研究三国人口老龄化对储蓄率的影响。结果表明，日本人口老龄化对储蓄率的影响符合生命周期假说，随着老龄化程度的升高，储蓄率呈现先上升经过一段时间的平稳趋势后快速下降的过程；中国目前处于相悖阶段，随着老龄化程度的升高，储蓄率一直呈现上升趋势。但随着老龄化进程的加快，中、韩都将出现储蓄率下降的过程。老龄化是影响三国储蓄率的原因，但是影响中国和日本储蓄率的主要因素是少儿抚养比，韩国则是受自身储蓄倾向的影响较大。日、韩两国人口老龄化的储蓄效应预示着中国未来可能的发展路径。

关键词：**老龄化　储蓄率　中日韩　向量自回归模型**

人口老龄化已成为全球发展趋势。作为世界上人均预期寿命最长的国家，日本目前是世界上人口老龄化最严重的国家，韩国老龄化程度较高并拥有最快的老龄化速度，预计 2050 年日本 65 岁以上人口占总人口比重将达 36.32%，韩国将达 35.14%（UN，2015）。中国是老龄化人口最多的国家，1999 年进入老龄化社会，2020 年，60 岁以上人口将达 2.48 亿，占总人口的比重将达 17.17%。由于中、日、韩三国人口老龄化的迅速发展，东亚地区将很可能变成世界上人口老龄化最严重的地区（Suzuki，2013）。

日韩不仅在人口老龄化的轨迹上，一前一后，最终都将进入超老龄社会，而且在经济发展的轨迹上，两国也是一前一后，第二次世界大战后分别走过了高速增长期和平稳增长期，直至进入调整和低速增长期。20 世纪 90 年代后日本经济陷入停滞和调整时期，20 多年间的经济增长速度甚至年均不到 1%，2000 年以后韩国的经济增长速度则下降为 3% 左右。虽然造成日韩经济发展轨迹相似的原因很多，但是两国人口红利时代的结束即老龄社会的进入无疑是其中的一个重要原因。中国自

---

* 刘文，山东大学（威海）商学院教授、博导；别安姊，山东大学（威海）商学院硕士生。E-mail：liuwen@wh.sdu.edu.cn。基金项目：教育部人文社科规划课题“中日韩人口老龄化与经济增长方式转型比较研究”（编号：13YJAZH056）；山东省自然科学基金“老龄化背景下年长劳动力与年轻劳动力就业中的竞争性与互补性研究”（ZR2014GM004）。

改革开放以来经历了30多年的高速增长后经济开始平稳发展，与日韩相似，人口老龄化也成为经济增长趋缓的一个重要因素。因为进入老龄化阶段后保持经济增长的重要因素之一是增加储蓄率（Lee，2003），因此，研究中日韩人口老龄化对储蓄率的影响对三国应对人口老龄化具有重要的理论意义和实践价值。

一、相关文献评述

（一）人口老龄化的储蓄效应研究

研究老龄化对储蓄率影响的最经典理论是莫迪利亚尼（Modigliani）于1954年提出的生命周期假设。该假设认为，消费边际效应递减，为了使老年期的消费与成年期保持一致，行为人通过资本市场把收入现值分配到生命周期各阶段，也就是说人们会平滑一生的收入，将成年期的收入储蓄起来支付老年期的消费，以实现一生效应的最大化。因此，成年期的储蓄要大于消费，而在少儿期和老年期消费大于储蓄。在一国的范围内来看，如果老年人口过多，必然会造成一国的储蓄率降低。

生命周期假设得到很多学者的认同并被实证检验。莱夫（Leff，1969）对74个国家的截面数据进行研究，发现老年抚养比对国民储蓄率有显著负向影响，各国人口结构的差异可以解释其储蓄率的差异。希金斯（Higgins，1996）等研究发现投资需求与年轻人口占总人口的比重，即劳动力供给相关；而成年人口比重与储蓄供给相关，其结论曾被作为证明“东亚奇迹”的有力证据。戴维斯（Davis，2006）对1960～2002年73个国家私人储蓄率和年龄结构关系的研究表明，人口老龄化影响了私人储蓄水平的上升，20～39岁和40～64岁人群占总人口比重对于私人储蓄具有正面效应，并且40～64岁人群占比的相关系数更大，而65岁及以上人群占比对于储蓄则具有重要负面效应。博斯沃思和霍多罗夫（Bosworth and Chodorow-Reich，2006）对85个国家的计量分析也得出类似结论，老年抚养比对国民储蓄率的影响系数为-0.54或-0.64。朱超、周烨、张林杰（2012）对亚洲37个国家1993～2007年的研究结果也支持了人口老龄化储蓄效应的存在，老年人口结构效应比少年人口结构效应显著，并且老年抚养比对储蓄率有显著负向影响。陈晶（2014）等对亚洲17个国家1960～2010年的研究表明，随着老龄化程度的提高，人口老龄化对于储蓄率的负面效应越来越严重，少儿人口比重的下降对近年亚洲国家（地区）的储蓄率上升做出了贡献。

但并非每个时期的研究都支持生命周期假说。安德松（Andersson，2001）研究了北欧四国1950～1992年的时间序列数据，发现生命周期假设的影响是分时间段的，20 世纪 70 年代老年抚养比对国民储蓄率的负向影响不显著。保罗·舒尔茨（2005）根据 1952 ~ 1992 年 16 个亚洲国家和地区的研究也得出结论，当期储蓄与年龄构成之间不存在重大依存关系。

（二）对中国人口老龄化的储蓄效应研究

中国人民银行课题组（1999）对 1978 ~ 1997 年中国居民储蓄率进行研究，发现中国储蓄倾向明显高于工业化国家的平均水平，国民储蓄率逐渐提高的重要原因之一就是总抚养比的下降。高路易（Kuijs，2006）对 1978 ~ 2005 年数据的研究表明，我国老年抚养比的上升与国民储蓄率存在负相关关系。王德文、蔡昉和张学辉（2004）利用莱夫（1969）模型对改革开放以来中国人口抚养比储蓄效应的研究显示，人口转变对储蓄率有显著性影响，老年抚养比上升对储蓄率的贡献率为 -0.9%。史晓丹（2013）通过我国分省份面板数据同样验证了老年抚养比与储蓄率呈负相关，但由于我国处于老龄化初期，影响并不明显。

在进一步研究影响中国储蓄率的因素时，袁志刚和宋铮（2000）根据中国养老保险制度基本特征构建了迭代模型，发现人口老龄化会激励居民增加储蓄。由于人口老龄化是我国计划生育政策促进的结果，这可能是造成中国城镇居民储蓄倾向上升的一个重要因素。莫迪利亚尼和高（2004）认为基于中国传统的家庭养老模式正在瓦解的现实，抚养系数的降低在减轻劳动年龄人口的抚养负担的同时，迫使其增加储蓄准备养老，在对我国 1953 ~ 2000 年的时间序列数据进行分析后，他们发现人口年龄结构变化与国民储蓄率存在长期的协整关系，人口老龄化对居民储蓄率有显著正向影响。汪伟（2009）对 1989 ~ 2006 年的研究显示：人口老龄化对储蓄率有显著正影响，市场经济转型带来的经济高速增长与人口政策转变带来的抚养系数下降导致中国储蓄率不断上升，经济增长对储蓄率上升的贡献随着适龄劳动人口数量的增加而被强化，但会随着人口老龄化程度的加深而被弱化。苏春红（2010）利用省级数据和门限面板模型进行检验，同样发现老龄化对储蓄率具有递减的正效应。

考虑到我国城乡二元结构的特殊国情，有学者从城镇和农村两个样本对我国储蓄率进行研究。堀冈（Horioka，2007）对 1995 ~ 2004 年的数据分析发现，由于我国城镇大多为社会养老，农村地区为家庭养老，人口老龄化对农村储蓄率的影响显著，而对城镇储蓄率的影响并不显著。汪伟（2008）的研究表明，城镇样本较好地支持了生命周期假说，农村样本则较好地支持了凯恩斯理论；人口年龄结构是居民储蓄率的重要决定因素，但这些因素对城镇与农村居民储蓄率的影响存在显著差异。胡翠和许召元（2014）进一步的研究表明因为城乡二元养老保险制度的存在使得人口老龄化对城镇和农村家庭储蓄率的影响呈现显著差异。农村家庭储蓄率随着老龄人口比重的上升而下降，城镇家庭储蓄率却随着老龄人口比重的上升而上升。

也有学者认为老龄化对储蓄率的影响是多种因素共同作用的结果，不同阶段各种因素重要性不同。蔡昉（2012）认为在人口老龄化的条件下，人们的生产、消费和储蓄行为逐渐建立在新的预期之上，为养老做准备的未雨绸缪心理，会诱导出新的储蓄动机，但是现收现付的养老保障制度，由于使未来被供养人口无须依赖自己的养老资金积累，因而为此而进行储蓄的动机不能激发出来。朱礼华和赵志勇（2013）指出经典的生命周期储蓄理论对动态的人口老龄化过程并不能提供很好的解释，老龄化的储蓄效应具有阶段性特征。并且人均预期寿命的延长阶段性地提高了人们的储蓄动机和国民储蓄率。赵文哲和董丽霞（2013）认为在不同经济发展阶段，少儿抚养比和老人抚养比对储蓄率的影响不都是负的，在行为效应和年龄效应的交替作用下，老人抚养比升高导致储蓄率先后呈“升高—下降”的趋势。宋奇成和袁凯（2013）指出少儿抚养比对居民储蓄具有负的影响，但这种影响在长期逐渐变弱；而老年抚养比对居民储蓄率在前期有负的影响，而在中长期则是一种正的影响。范叙春和朱保华（2012）发现当不考虑时间效应时，少儿人口负担比增加会减少国民储蓄率，而老年人口负担比增加会提高国民储蓄率；考虑时间效应后，少儿人口负担比增加会提高我国国民储蓄率，而老年人口负担比增加会减少我国国民储蓄率。汪伟和艾春荣（2015）的研究表明现阶段老年人口的增加并没有对储蓄率产生负效应，但可以预测随着我国老龄化进程的加速，老年负担效应会增强且抵消寿命延长带来的正效应，最终发生正负转换。

还有研究认为老龄化对储蓄率基本无影响。王森（2010）使用 1979～2009 年中国居民储蓄率、人均收入增长率、老年人口占比、通货膨胀率及名义利率等数据，利用向量自回归模型（VAR）和协整分析方法得出结论：中国人口老龄化对居民储蓄率的影响只占 1% 左右。

（三）对日、韩人口老龄化的储蓄效应研究

林淳一郎（Hayashi，1986）对第二次世界大战后日本人口结构对国民储蓄率的影响研究发现，人口抚养负担的下降很大程度上提高了储蓄率。涉谷（Shibuya，1987）对日本 1966～1983 年数据的研究表明，老年抚养比每增加 2 个百分点，居民储蓄率将下降 0.34 个百分点。布劳恩（Braun，2004）等发现 1985 年以后日本的储蓄率随着出生率下降而上升，而随着老年人口比例上升，储蓄率下降，并且 1990～2000 年间的储蓄率是受人口结构因素与低的全要素增长率综合影响而下降。舞子古贺（Maiko Koga，2006）对日本 1981～2003 年的家庭储蓄率数据研究发现，人口年龄结构、收入增长率和储蓄率之间存在长期协整关系，并且人口结构导致自 20 世纪 90 年代末日本储蓄率持续下降。片山（Katayama，2006）认为 1998 年以来日本储蓄率持续下降的重要原因是人口老龄化，日本经济持续低迷、养老基金注

资和养老保险改革同时拉低了政府储蓄率。堀冈（2010）的研究也表明日本人口老龄化会对私人储蓄率和居民储蓄率产生负向影响。

与这些与生命周期假说相符的研究不同，也有学者发现日本的老年人就业率依然很高，并非理论上的负储蓄。岩井纪男萨科（Tokuo Iwaisako，2012）等认为日本家庭储蓄在1998年后加速下降，但2003年以后下降速度减缓，人口老龄化不能完全解释储蓄率的下降，居民收入变化对储蓄率变动的影响较大。

李宗和和金载弼（1997）通过分析韩国1962～1995年的数据，发现老年抚养比每上升1%，储蓄率降低4.3%。罗伯特·荻克（Robert Dekle，2001）认为韩国人口老龄化会降低整体的储蓄率和投资率，尤其是在2025年之后将急剧降低，届时储蓄率将会低于投资率。严东旭（2003）从资本供应方面分析，认为由于储蓄能力相对较低的老年人增加，银行储蓄率将减少，导致可用资金和投资的萎缩。因此，老龄化引发的储蓄率下降将成为阻碍韩国经济发展的因素。姜熹焞和苏仁焕（2005）指出韩国老龄化对消费以及储蓄的影响根据年龄层不同，其方向与程度有所差异。姜钟区和金英俊（2013）认为人口老龄化降低了韩国的家庭储蓄率，同时削弱了创新产业的增长潜力，致使经济恶化。

（四）对中、日、韩三国储蓄率的比较

汪伟（2011）指出我国政府储蓄率在国民储蓄中的地位已经居于居民储蓄与企业储蓄之后，企业与居民储蓄率的上升是中国储蓄在高位持续的原因。中国人民银行课题组（2010）则指出政府和企业储蓄的快速增加是中国总储蓄率近年来大幅上升的主要原因，而居民储蓄率相对稳定。对比中、日、韩三国的分部门储蓄率发现三国的企业储蓄率都在15%～20%的水平上，中国高储蓄率的原因是中国政府储蓄率和居民储蓄率较高；韩国则是政府储蓄率高而居民储蓄率低；日本是居民储蓄率和政府储蓄率都很低。这种变化趋势和三国经济发展程度密切相关。

对人口老龄化储蓄效应的经验研究表明，大多数国家的结论验证了生命周期假说，对日韩的研究结论也比较一致，其人口老龄化的储蓄效应与生命周期假说基本相符，对中国的结论则是混合的，由于选择变量和研究视角的不同，导致对老龄化与储蓄率关系的结论是多元的。已有文献对中日韩人口储蓄率的比较侧重分部门储蓄率的比较，以及对日韩人口老龄化储蓄效应的介绍和经验借鉴，缺少利用相同变量，测度比较三国人口老龄化储蓄效应的翔实研究。中、日、韩三国地缘相近，文化渊源相通，人口结构和经济发展也有着相似的特征，对三个国家进行比较，可能会发现东亚地区人口老龄化与储蓄率发展的一般特征。本文试图对此做出探索，如表1所示。

本文大致分为四部分，第二部分对中、日、韩人口老龄化总体发展趋势的描述，刻画出三国人口老龄化的现实图谱；第三部分为实证研究及分析，利用中、日、韩三国1980～2014年的老年抚养比、少儿抚养比、人均GDP增长率和存款利

率等数据，通过 VAR 模型研究三国人口老龄化对储蓄率的影响；第四部分是结论。

表 1　　人口老龄化对储蓄率影响的主要经验研究结论

作者	年份	样本范围	被解释变量	结论
莱夫	1969	74 个国家	国民储蓄率	负影响
洛艾萨等（Loayza et al.）	2000	98 个国家	国民储蓄率	负影响
博斯沃思和霍多罗夫	2006	85 个国家	国民储蓄率	负影响
戴维斯	2006	72 个国家	私人储蓄率	负影响
朱超，周烨，张林杰	2012	亚洲 37 个国家	国民储蓄率	负影响
保罗·舒尔茨	2005	16 个亚洲国家和地区	国民储蓄率	无影响
陈晶，黄险峰，冯志	2014	17 个亚洲国家	国民储蓄率	负影响
中国人民银行课题组	1999	中国	国民储蓄率	负影响
高路易	2006	中国	国民储蓄率	负影响
王德文、蔡昉、张学辉	2004	中国	国民储蓄率	负影响
史晓丹	2013	中国	居民储蓄率	负影响
汪伟	2009	中国	国民储蓄率	正影响
苏春红	2010	中国	居民储蓄率	正影响
曾探	2013	中国	居民储蓄率	正影响
胡翠、许召元	2014	中国	居民储蓄率	城镇正影响 农村负影响
王森	2010	中国	居民储蓄率	无影响
朱礼华、赵志勇	2013	中国	国民储蓄率	阶段性影响
赵文哲、董丽霞	2013	中国	国民储蓄率	阶段性影响
宋奇成、袁凯	2013	中国	居民储蓄率	阶段性影响
汪伟、艾春荣	2015	中国	国民储蓄率	阶段性影响
林淳一郎	1986	日本	国民储蓄率	负影响
涉谷	1987	日本	居民储蓄率	负影响
张宝珍	1990	日本	个人储蓄率	负影响
舞子古贺	2006	日本	家庭储蓄率	负影响
堀冈	2010	日本	居民储蓄率	负影响
李宗和、金载弼	1997	韩国	国民储蓄率	负影响
罗伯特	2001	韩国	国民储蓄率	负影响
姜钟区、金英俊	2013	韩国	家庭储蓄率	负影响

资料来源：根据文献整理。

二、中、日、韩三国人口老龄化和储蓄率的总体发展趋势

（一）三国老龄人口比重持续增加，少儿人口比重下降

根据联合国的划分，当某一国家或地区 65 岁以上人口比重超过 7% 时就是进入了老龄化社会，发展中国家也把 60 岁以上人口比重超过 10% 作为进入老龄化社会的指标。65 岁以上人口比重也称为“老龄化率”，达 7% 的国家和地区称为“老龄化社会”，达 14% 称为“老龄社会”，超过 21% 称为“超老龄社会”。

中国是世界老年人口数最多的国家，2015 年，65 岁以上人口数达 13 143 万人，占总人口比重的 9.55%，老年人口比重将会在 2020 年之后进入快速增长期；而日本 65 岁以上的人口为 3 334 万人，占总人口的 26.34%，比中国高出 16.79%，是世界上老龄化程度最严重的国家，并且日本早在 1970 年老年人口比重就开始快速增长。韩国 65 岁以上人口数为 660 万人，占总人口的比重 13.13%，比中国高 3.58%，比日本低 13.21%，从 2000 年开始老年人口比重快速增长，比中国早大约 10 年。从 2010 ~ 2060 年，将是三国老龄人口快速增长的时期，韩国 65 岁以上老年人口比重将接近日本，成为老龄化速度最快的国家。总体来看，中日韩三国 65 岁以上人口比重都高于亚洲和世界平均水平，如图 1 所示。

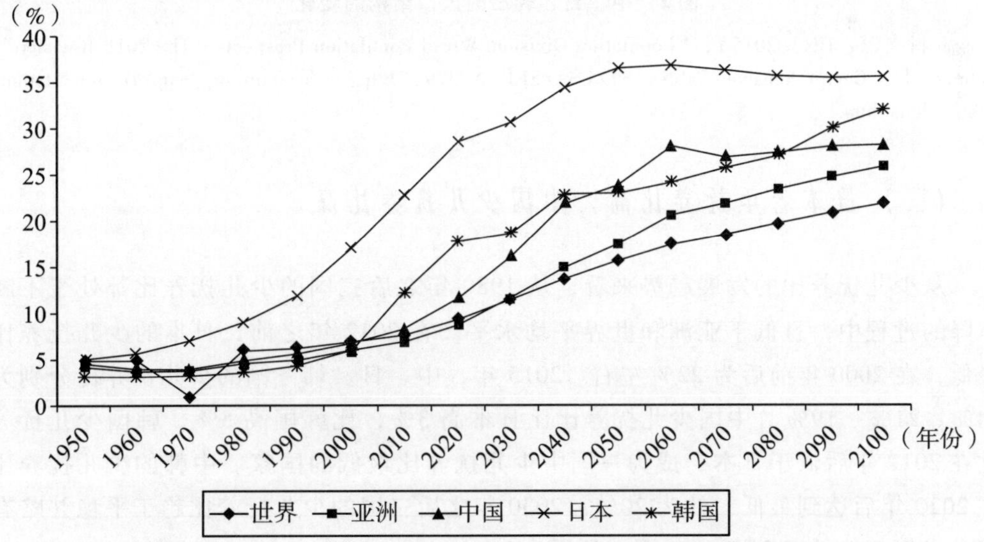

图 1　中、日、韩三国 65 岁以上人口占总人口比重的发展趋势

注：图中所用数据为中位预测，中国数据不包括港澳台地区，下同。

资料来源：UN (2015)，“Population Division. World Population Prospects: The 2015 Revision”, Volume Ⅰ: Comprehensive Tables ST/ESA/SER. A/379, http://esa.un.org/wpp/Documentation/publications.htm.

三国老龄人口比重提高的同时，少儿人口比重却在不断下降。从 1950～2000 年，中国 0～14 岁少儿人口比重下降了 9.24%，日本下降了 20.75%，韩国下降了 21.53%，这一阶段日韩两国少儿人口比重下降速度超过了中国，且韩国下降的速度超过了日本。从 2000～2050 年，三国少儿人口比重将继续下降，但日韩两国速度有所减缓，将分别下降 2.19% 和 9.52%，而中国下降速度超过日韩，将达 11.59%（见图 2）。少儿人口比重的下降不仅减少总人口数量，也增加了老年人口的比重，加重了三国的老龄化程度。

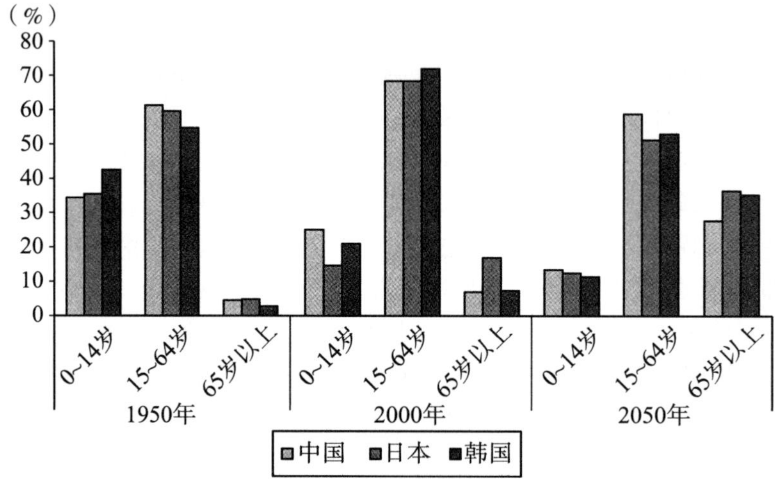

图 2　中、日、韩三国人口结构的变化

资料来源：UN（2015），"Population Division. World Population Prospects：The 2015 Revision"，Volume Ⅰ：Comprehensive Tables ST/ESA/SER. A/379，http：//esa. un. org/wpp/Documentation/publications. htm.

（二）日本老年抚养比高，中国少儿抚养比高

从少儿抚养比的发展趋势来看，从 1980 年之后三国的少儿抚养比都处于不断下降的过程中，且低于亚洲和世界平均水平。在 2012 年之前，日本的少儿抚养比最低，在 2000 年前后为 22% 左右。2015 年，中、日、韩三国的少儿抚养比分别为 24%、21%、19%。中国少儿抚养比比日本高 3%，比韩国高 5%，韩国少儿抚养比在 2012 年后低于日本，成为三国中少儿抚养比最低的国家。中韩的少儿抚养比在 2020 年后达到最低，约为 20%。2030 年之后三国的少儿抚养比趋于平稳并略有回升，但仍然低于 30%，如图 3 所示。

与少儿抚养比相反，三国老年抚养比呈现不断上升的趋势，且高于亚洲和世界平均水平。2015 年，中日韩三国的老年抚养比分别为 13%、43%、18%，日本的老年抚养比大大超过中韩，高于中国 30%，高于韩国 25%。日本老年抚养比自

1970 年之后快速升高，预计在 2050 年将达 70%。中韩两国老年抚养比在 2020 年之后也将快速上升，韩国高出中国约 10%，并且在 2060 年前后超过日本，到 2100 年韩国老年抚养比将会达 70%，而中国会达 60%，如图 4 所示。

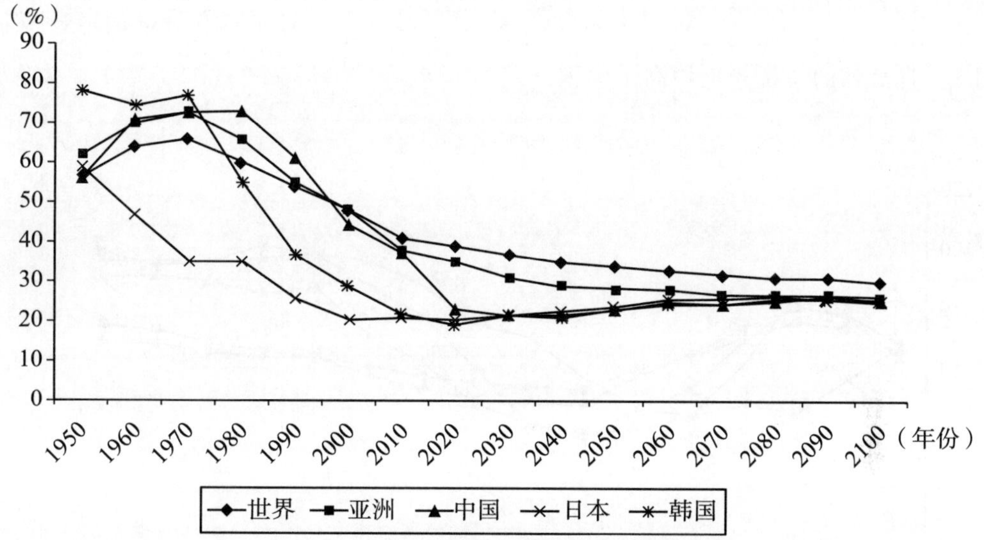

图 3　中、日、韩三国少儿抚养比发展趋势

资料来源：UN (2015)，"Population Division. World Population Prospects: The 2015 Revision"，Volume Ⅰ: Comprehensive Tables ST/ESA/SER. A/379，http://esa. un. org/wpp/Documentation/publications. htm.

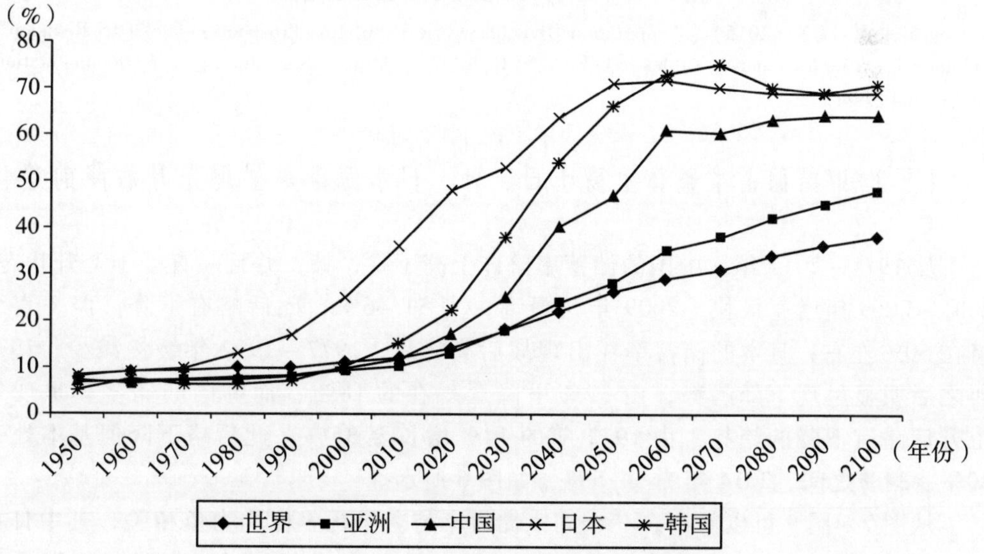

图 4　中、日、韩三国老年抚养比发展趋势

资料来源：UN (2015)，"Population Division. World Population Prospects: The 2015 Revision"，Volume Ⅰ: Comprehensive Tables ST/ESA/SER. A/379，http://esa. un. org/wpp/Documentation/publications. htm.

不断加快的老龄化进程提高老年抚养比的同时，也拉高了总抚养比。三国2000年之前的总抚养比基本上低于亚洲和世界平均水平或与平均水平相当，2000年，日本总抚养比超过亚洲和世界水平，达到60%，2015年，中、日、韩三国的总抚养比分别为37%、64%、37%，其中最高的是日本，比中、韩高27%。韩国和中国的总抚养比也将分别于2020年、2030年之后超过亚洲和世界平均水平（见图5）且日韩的总抚养比均高于中国。

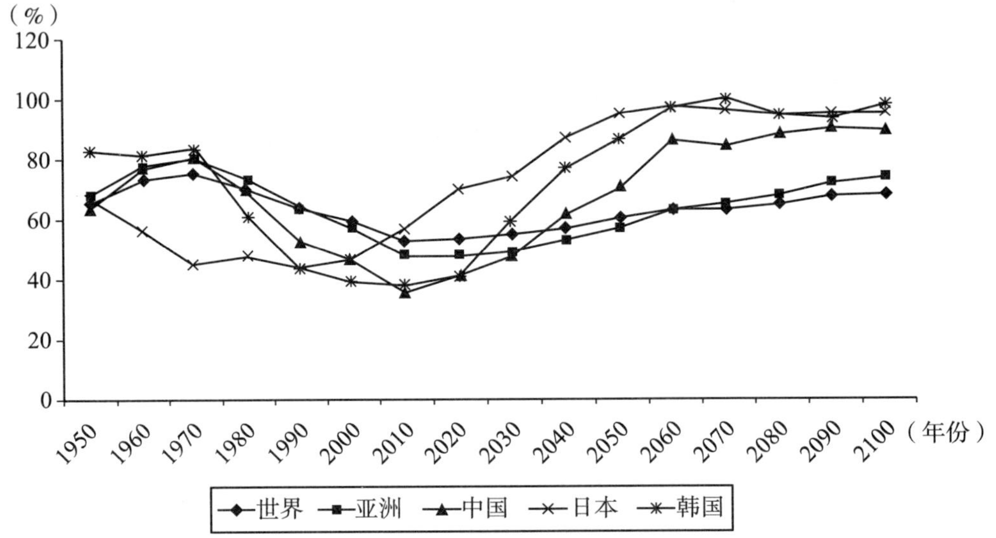

图5　中、日、韩三国总抚养比发展趋势

资料来源：UN（2015），"Population Division. World Population Prospects：The 2015 Revision"，Volume Ⅰ：Comprehensive Tables ST/ESA/SER. A/379，http：//esa. un. org/wpp/Documentation/publications. htm.

（三）中国储蓄率整体上高于日、韩，日本储蓄率呈现先升后降的趋势

从1971~2014年，中国的储蓄率整体上高于日、韩，并且一直处于上升状态，2001~2009年增速最快，2009年达最高，为51.46%，此后略有下降，但一直维持在50%左右；日本的储蓄率在出现战后高峰后，1977~1992年缓慢减少，1992年之后明显呈现下降趋势，由32%下降至现在的18%；而韩国的储蓄率呈现先上升后略有下降的趋势，由1971年的14%增长至35%，此后略下降但基本处于30%~34%之间，2014年为34.5%，如图6所示。

从图7~图9可以看出，三个国家储蓄率与老年抚养比均为负相关，其中日本的表现最为明显，随着老年抚养比的不断上升，储蓄率在不断下降。特别是在1991年之后，日本经历了老年抚养比快速上升和储蓄率快速下降的时期。在近20年中，老年抚养比上升了20%而储蓄率下降了超过10%。从少儿抚养比看，总体

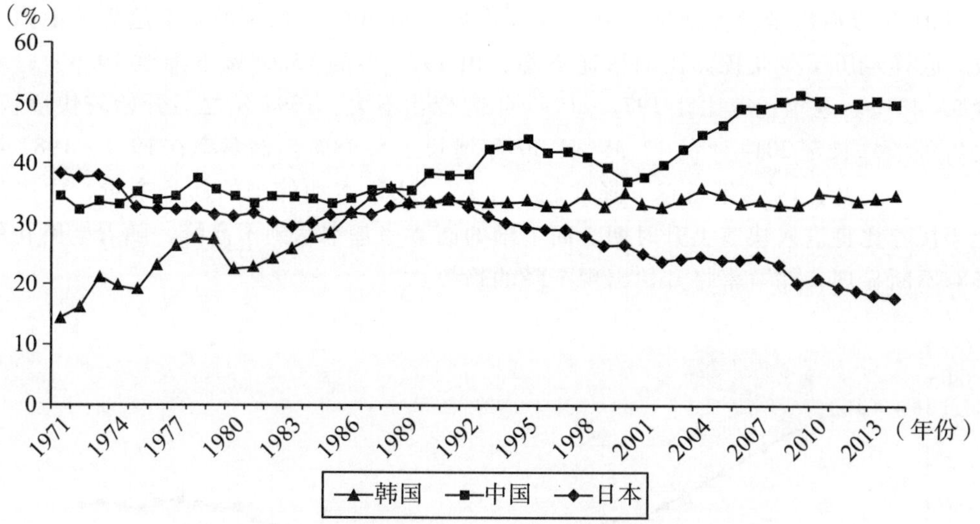

图 6　1970～2012 年中、日、韩三国储蓄率的发展趋势

注：储蓄率 =(GDP－最终消费)/GDP。

资料来源：http：//data. worldbank. org. cn/。

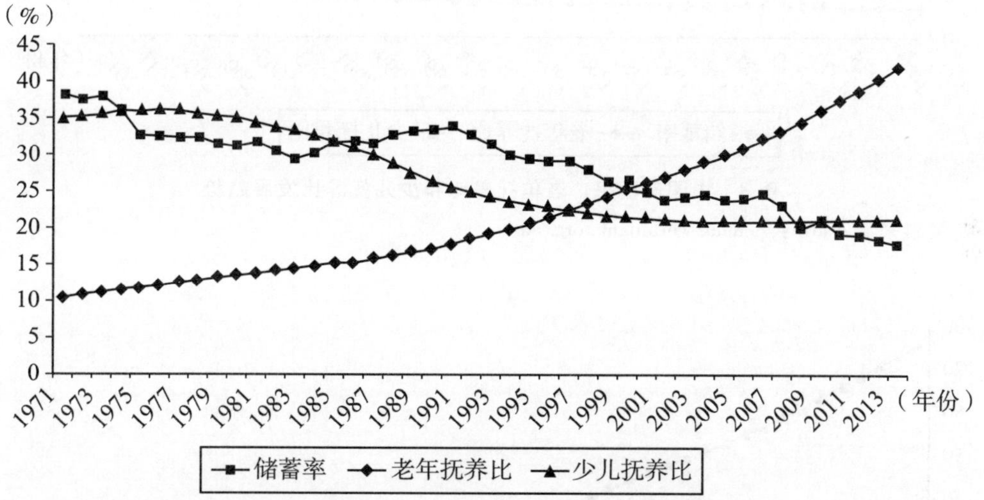

图 7　日本储蓄率、老年抚养比和少儿抚养比发展趋势

资料来源：http：//data. worldbank. org. cn/。

上少儿抚养比与储蓄率都处于下降状态，但是分阶段看，二者却是反相变化，少儿抚养比相对较低的时期，储蓄率相对较高，而少儿抚养比相对较高的时期储蓄率相对较低。中国的老年抚养比变化不明显，呈现轻微上涨的趋势，由 1971 年的 6.72% 上升至 2014 年的 12.47%，增长 5.75%，且 2010 年之后增长速度加快。但是少儿抚养比快速下降，由 1971 年的 73.28% 下降至 2014 年的 23.37%，减少了 49.91%。储蓄率在 1971～1993 年较平稳，在 1993～2001 年出现小幅增长后回落，在2001年以后出现较大增长，由37%左右增长至50%。韩国的基本趋势与中国一致，同样经历了少儿抚养比的快速下降，由1971年的75.08%下降至19.6%，减少55.48%。老年抚养比在1971~1997年间变化不大，1997年之后开始较快增长，由8.98%增长至2014年的17.36%，17年增长了8.38%。储蓄率在1971~1987年之间总体上升，1998年略有下降并趋于平稳。从日本和韩国的趋势来看，中国的老年抚养比将进入快速上升时期。而中国的储蓄率基本达到了高峰，随着老龄化的影响不断显现，储蓄率将开始出现下降的趋势。

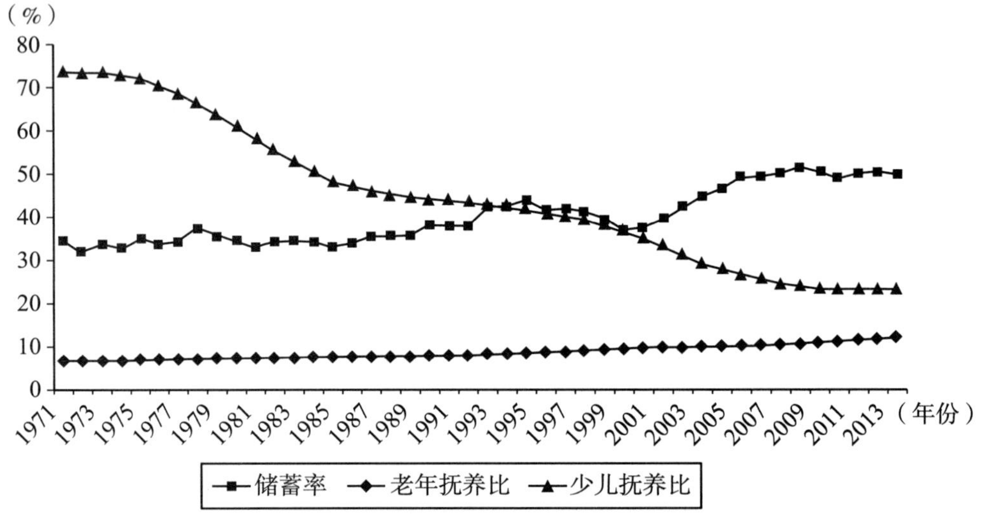

图8　中国储蓄率、老年抚养比和少儿抚养比发展趋势

资料来源：http：//data. worldbank. org. cn/。

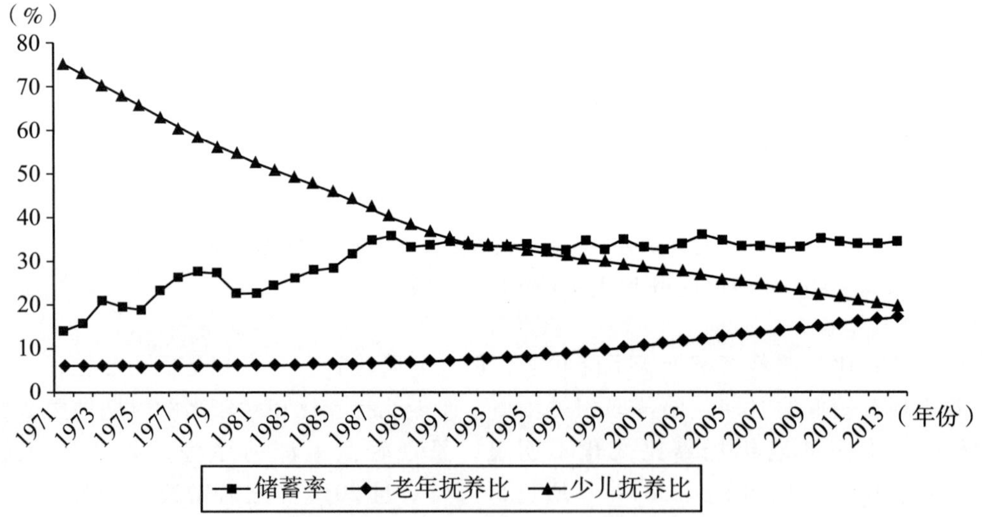

图9　韩国储蓄率、老年抚养比、少儿抚养比发展趋势

资料来源：http：//data. worldbank. org. cn/。

三、模型设计与计量分析

(一) 建立模型

已有研究表明，影响一个国家储蓄率的变量主要包括居民收入增长率、人口年龄结构、相对价格、利率、通货膨胀、城市化程度和社会保障等，在建立三国人口储蓄率影响的实证分析模型时，不仅要将那些不容易量化的变量排除在模型之外，还要考虑到数据的一致性和可比性，否则无法进行实证分析。因此，本文主要选择国内总储蓄率、老年人口抚养比、少儿抚养比、存款利率和人均 GDP 5 个变量，国内总储蓄率 ROS 为被解释变量，老年人口抚养比 EDR、少儿抚养比 CDR、存款利率 IR 和人均 GDP 为解释变量。

其中，ROS 表示国内总储蓄率，指国内总储蓄/GDP。国内总储蓄的计算是用 GDP 减去最终消费支出（总消费）。理论上，人口老龄化对储蓄率的影响更准确地表现在对居民储蓄率的影响上，但是目前对居民储蓄率的定义和计量方法没有一致的口径，不同的国家由于统计口径不一致，居民储蓄率的数值也相差较大。此外，中国在 1992 年才开始在资金流量表中统计居民储蓄率。因此为了三国数据的一致性和可比性，我们选取了国内总储蓄率进行研究。

$$ROS_t = \beta_0 + \beta_1 \times EDR_t + \beta_2 \times CDR_t + \beta_3 \times PGDP_t + \beta_4 \times IR_t + \mu_t$$

EDR 表示老年抚养比，是被抚养老年人口（64 岁以上人口）与工作年龄人口（15 ~ 64 岁人口）的比值，数据显示为每百名工作年龄人口中被抚养人口所占的比例。本文用老年抚养比来衡量一个国家的老龄化程度。

CDR 表示少儿抚养比，是被抚养少儿人口（15 岁以下人口）与劳动年龄人口（15 ~ 64 岁人口）之比。数据显示为每百名劳动年龄人口中被抚养人口所占的比例。

PGDP 表示人均 GDP，以 2005 年不变价美元为基准。经济增长和人均收入的增加是储蓄率快速增长的重要原因。本文选择人均 GDP 来衡量经济增长。

IR 表示存款利率，一般情况下认为，存款利率越高，就会带动储蓄率越高。

本研究模型中的原始数据大部分来源于世界银行网站国际发展指标数据库，部分年度缺失数据经过各国统计局网站整理得到，由于 5 个变量都是时间序列数据，如果直接做回归分析，可能出现“伪回归”问题，所以在进行经济计量分析之前，必须首先对变量的平稳性进行检验，以避免出现伪回归问题。

(二) 平稳性检验

我们使用扩充的迪基—富勒 ADF 单位根检验方法对所有数据进行平稳性检验，

为使数据的趋势线性化，数据为取对数后的结果。ADF 单位根检验的结果显示部分数据不平稳，在对所有数据进行一阶差分后，数据平稳，如表 2 所示。ROS(1)、EDR(1)、CDR(1)、PGDP(1)、IR(1) 都是一阶差分后的数据。在 5% 水平上显著，默认最大滞后阶数 8。

表 2　　ADF 检验结果

国家	中国		日本		韩国		是否平稳
变量名称	统计值	临界值	统计值	临界值	统计值	临界值	
ROS(1)	-4.672302	-2.954021	-5.763788	-2.954021	-3.640240	-2.957110	是
EDR(1)	-3.836730	-2.976263	-5.565610	-2.954021	-5.401951	-2.954021	是
CDR(1)	-3.806906	-2.954021	-3.773564	-2.971853	-2.979796	-2.954021	是
PGDP(1)	-3.957478	-2.957110	-3.774962	-2.954021	-3.863968	-2.954021	是
IR(1)	-5.001261	-2.954021	-2.964828	-2.954021	-5.555274	-2.954021	是

在所有数据一阶单整的情况下，通过协整检验来考查数据之间是否存在长期均衡，结果表明，最大特征根统计量和迹统计量两种方法都显示变量之间存在协整关系，如表 3 和表 4 所示。

表 3　　Johansen 协整检验结果表（迹统计量）

	5% 水平临界值	迹统计量			P 值		
		中国	日本	韩国	中国	日本	韩国
R = 0	69.81889	108.9385	108.0950	97.63938	0.0000	0.0000	0.0001
r≤1	47.85613	68.57612	65.40444	54.61119	0.0002	0.0005	0.0102
r≤2	29.79707	34.75271	32.35240	27.87251	0.0124	0.0249	0.0820
r≤3	15.49471	12.50652	8.274819	9.081089	0.1342	0.4365	0.3579
r≤4	3.841466	0.571988	0.002139	0.069975	0.4495	0.9594	0.7914

表 4　　Johansen 协整检验结果表（最大特征根统计量）

	5% 水平临界值	最大特征根统计量			P 值		
		中国	日本	韩国	中国	日本	韩国
R = 0	33.87687	40.36235	42.69058	43.02818	0.0073	0.0035	0.0031
r≤1	27.58434	33.82340	33.05204	26.73869	0.0069	0.0089	0.0639
r≤2	21.13162	22.24619	24.07758	18.79142	0.0347	0.0187	0.1030
r≤3	14.26460	11.93453	8.272679	9.011114	0.1131	0.3516	0.2852
r≤4	3.841466	0.571988	0.002139	0.069975	0.4495	0.9594	0.7914

从表 3 和表 4 可以看出，在 5% 的临界水平下，迹统计量大于临界值，应当拒绝原假设，各变量之间存在一阶协整关系。因此建立各变量之间的协整方程。

三国协整方程如下：

中国：$ROS_c = 0.68EDR_t - 0.79CDR_t - 0.04PGDP_t + 0.38IR_t$

（0.99711）（0.27165）（0.56832）（0.05436）

日本：$ROS_j = -0.76EDR_t - 2.49CDR_t - 2.43PGDP_t + 0.08IR_t$

（0.07325）（0.20197）（0.69607）（0.00721）

韩国：$ROS_k = -0.64EDR_t - 1.49CDR_t - 2.68PGDP_t + 0.003IR_t$

（0.08831）（0.28555）（0.27396）（0.02991）

注：（）内为标准差。

（三）建立向量回归模型

向量自回归模型（VAR），可以用来分析经济系统中某个变量的变动对其他变量的反应，本文的模型主要分析老年人口抚养比、少儿抚养比、存款利率和人均 GDP 对国内总储蓄率的影响。向量自回归模型是基于数据的统计性质建立模型，VAR 模型把系统中每一个内生变量作为系统中所有内生变量的滞后值的函数来构造模型，从而将单个变量自回归模型推广到由多元时间序列组成的“向量”自回归模型。VAR 模型常用于预测相互联系的时间序列习题及分析随机误差项对变量系统的动态冲击，从而解释各种经济冲击对经济变量造成的影响。在进行脉冲响应之前对三个模型分别进行 AR 根检验，三个模型的根模的倒数全部落在单位圆之内，说明模型符合稳定性条件。

1. 脉冲响应分析

利用 Ewiews6.0 软件，分析三国 1980 ~ 2014 年的数据，得到由变量 ROS、EDR、CDR、PGDP、IR 构成的脉冲响应，如图 10 所示。

从图 10 中可以看到，对中国来说，给老年抚养比一个正的冲击，储蓄率在 3 期之内变化不大，说明储蓄率并没有随着人口老龄化升高而降低，这与我国的现状基本一致，在老龄化的初级阶段下，生命周期效应对储蓄率的减弱尚未占主导作用，我国的劳动年龄人口比例仍然很大。并且在社会保障不完善的背景下，青壮年为了退休后的养老而积极储蓄，相对抵消了一部分人口老龄化对储蓄率的负效应。在第 3 期之后对储蓄率的影响变为负值，说明随着人口老龄化程度的加深，生命周期效应开始占据主导，并且随着我国养老保险体系的完善和养老思想的转变，我国的储蓄率将逐渐降低。在日本，储蓄率对老年抚养比的脉冲响应同样为负，且大于中国和韩国，在时间上也更长久，说明日本人口老龄化对储蓄率产生明显的负效应，符合生命周期理论的预测。在韩国，给老年抚养比正的冲击之后，储蓄率显著下降，表明韩国目前的状态符合生命周期假说的预测，老龄化降低了储蓄率。在第

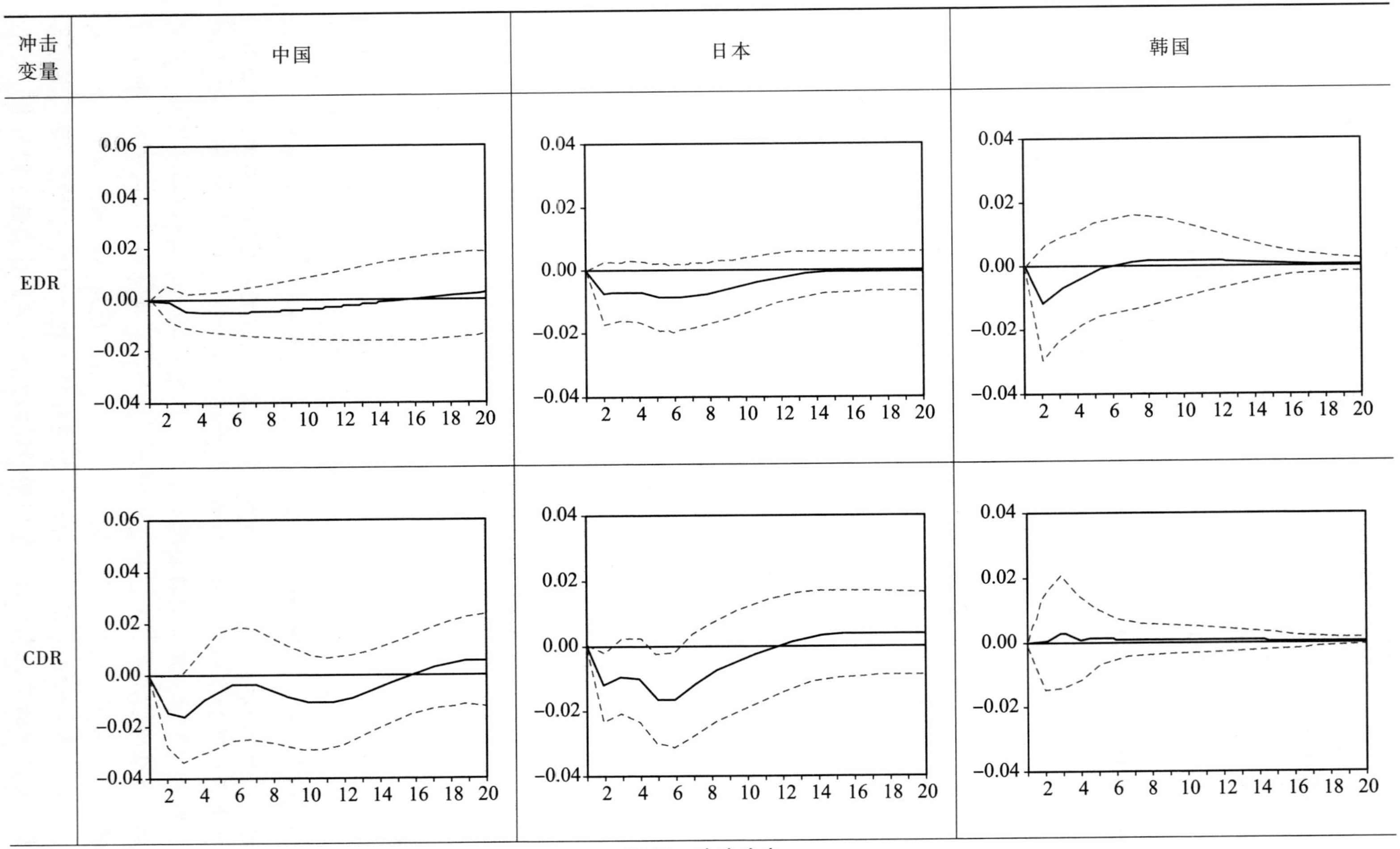
冲击变量
中国
日本
韩国
EDR
CDR
0.06
0.04
0.02
0.00
−0.02
−0.04
2 4 6 8 10 12 14 16 18 20

图10　脉冲响应

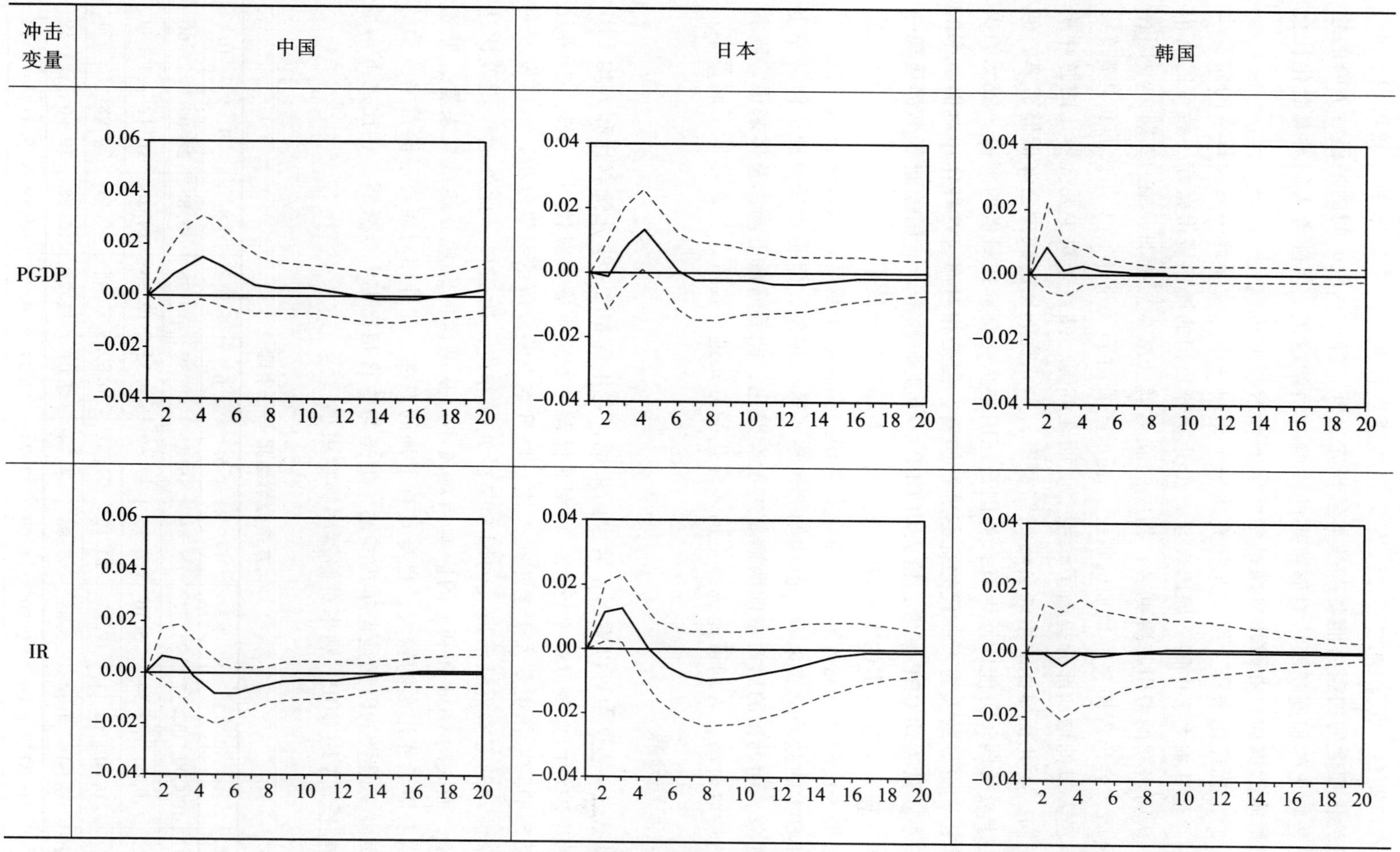
冲击变量
中国
日本
韩国
PGDP
IR
0.06
0.04
0.02
0.00
−0.02
−0.04
2 4 6 8 10 12 14 16 18 20

图 10　脉冲响应（续）

4期后有所调整，但影响时间并没有像日本那样长久。三个国家的比较可以看出，随着老龄化程度的加深，储蓄率基本呈现先上升，经过一段时间的平稳后下降的趋势，且老龄化的程度越深，对储蓄率的影响时间就越久。但随着人们对老龄化社会的应对措施的增加，老龄化对储蓄率的影响将会归于0。

从少儿抚养比来看，给少儿抚养比一个正向冲击，会导致中国和日本的储蓄率的减少，且日本大于中国。原因在于，少儿抚养负担的增加使得医疗、教育的支出增加，从而当期的费用花费更多，相应的储蓄就会减少。而日本在12期，中国在16期之后，会出现储蓄率增加的情况，表示随着时间的推移，少儿抚养负担减轻，新的年轻人口的增加部分提高了储蓄率。而在韩国，储蓄率对少儿抚养比的脉冲响应为同向，少儿抚养比的增加会增加储蓄率，少儿抚养比的减少会降低储蓄率，但是作用十分微弱。可能的原因有，韩国是三国中少儿抚养比最低的国家，较低的少儿抚养比让更少的人为下一代的抚养进行储蓄，但是相对而言这种作用对储蓄率的影响很小。从人均GDP来看，给人均GDP一个正向冲击，三国的储蓄率都呈现一个正向反应，其中日本的影响最大最长久，而韩国反应最小。

值得关注的还有储蓄利率，理论上来说，储蓄利率越高，储蓄率应当越高，从中国和日本的脉冲反应来看，前四期都出现了这一现象，但是之后出现了储蓄率下降的现象，而韩国的储蓄率前两期基本没有变化，此后略微下降。整体来说，随着利率的持续升高，人们可能选择更加多样化的方式进行投资，从而降低了储蓄率。

2. 方差分解

从表5~表7中可以看出，对中国来说，老年抚养比、少儿抚养比和人均GDP对储蓄率波动的方差贡献率较大，利率对储蓄率的贡献率相对较小，且少儿抚养比对储蓄率的降低作用要大于老年抚养比。对日本方差分解的结果分析，可以发现对储蓄率波动的方差贡献率最大的因素是少儿抚养比，达33%，此外老年抚养比达19.7%，而人均GDP和利率的影响相对较小。从韩国的方差分解结果来看，储蓄率受自身滞后作用影响较大，自身具有很强的惯性，此外相对而言对储蓄率波动的方差贡献率最大的因素是老年抚养比，但是与中日相比也十分微弱，相比之下，少儿抚养比、人均GDP、利率对储蓄率影响更小。

表5　　方差分解结果——中国

周期	1	2	3	4	5	6	7	8	9	10
ROS	100.00	82.17	71.32	65.46	56.81	48.39	40.76	33.85	28.09	23.60
EDR	0.00	3.54	5.16	4.75	7.60	10.32	12.35	14.26	16.12	17.88
CDR	0.00	10.11	17.47	23.12	27.87	30.89	31.45	30.41	28.98	27.51
PGDP	0.00	4.14	5.85	5.08	4.94	7.01	11.25	15.88	19.40	21.59
IR	0.00	0.04	0.20	1.59	2.78	3.39	4.20	5.59	7.41	9.42

表 6　　方差分解结果——日本

周期	1	2	3	4	5	6	7	8	9	10
ROS	100.00	68.76	52.09	42.64	34.73	29.88	27.26	25.77	25.14	25.01
EDR	0.00	12.00	19.76	16.55	14.04	13.71	14.98	16.78	18.37	19.69
CDR	0.00	14.46	17.16	19.87	28.27	34.23	35.63	35.21	34.28	33.23
PGDP	0.00	0.11	4.56	13.51	13.83	11.66	10.67	10.12	9.74	9.54
IR	0.00	4.68	6.43	7.43	9.12	10.51	11.47	12.13	12.48	12.53

表 7　　方差分解结果——韩国

周期	1	2	3	4	5	6	7	8	9	10
ROS	100.00	95.70	93.83	93.67	93.15	92.66	92.28	91.94	91.66	91.43
EDR	0.00	1.05	1.77	2.09	2.58	2.94	3.13	3.21	3.22	3.21
CDR	0.00	0.25	0.49	0.45	0.43	0.47	0.63	0.87	1.15	1.39
PGDP	0.00	1.75	1.73	1.77	1.87	1.93	1.94	1.94	1.94	1.93
IR	0.00	1.25	2.18	2.02	1.97	2.00	2.02	2.03	2.04	2.03

四、结论

通过对中、日、韩三国人口老龄化及其对储蓄率的影响研究，我们可以得出如下结论和启示：

（一）中、日、韩三国均呈现老龄人口快速增长，少儿人口比重不断下降的发展趋势

日本老龄人口比重最高，韩国老龄人口发展速度最快，中国老龄人口规模最大，中、日、韩三国老龄人口比重都高于亚洲和世界平均水平。且 2020 年之后三国老龄化程度都将会进一步加快和加深。三国少儿人口比重都在不断下降。目前中国是三国中少儿抚养比高的国家，韩国少儿人口比重已经低于日本，是三国中少儿抚养比最低的国家。少儿人口比重的下降不仅减少总人口数量，也从侧面加重了三国的老龄化程度。

（二）中国储蓄率整体上高于日韩，日本储蓄率呈现先升后降的趋势

从 1971 ~2014 年，中国的储蓄率整体上高于日韩，日本储蓄率呈现先升后

降的趋势。日本人口老龄化对储蓄率的影响符合生命周期假说，人口老龄化对于储蓄率的负面效应随其老龄化程度的升高而逐渐清晰地凸显出来，储蓄率呈现一段时间的平稳后下降的趋势；中国目前出现相悖的趋势，随着老龄化程度的升高，储蓄率一直呈现上升且趋于平稳趋势。而韩国目前储蓄率保持在平稳中略有下降的阶段。

（三）老年抚养比的升高对三国的储蓄率均有降低作用，影响因素有所不同

脉冲响应分析结果表明，给老年抚养比一个正向冲击，中日韩三国的储蓄率均呈现不同阶段和不同程度的下降，其中日本的表现最为剧烈且影响最为持久。这表明中、日、韩目前虽然处于老龄化的不同阶段，但是随着老龄化程度的加深，都将符合生命周期理论的预测，储蓄率会出现降低的过程。

对三国的方差分解结果则表明，老年抚养比对影响中日韩三国的储蓄率都有影响，但是程度不同，对日本的影响最大，中国次之，韩国最小。对中国来说，少儿抚养比对储蓄率的作用要大于老年抚养比，而利率的作用最小。对日本来说，少儿抚养比的作用同样大于老年抚养比，但人均 GDP 的作用最小。韩国储蓄率受自身惯性影响最大，其次为老年抚养比。

（四）日韩人口老龄化的储蓄效应预示着中国未来可能的发展路径

老龄化对储蓄率的影响不是一成不变的，而是呈现先上升，后趋于平稳，然后快速下降的一个过程，如果说人口老龄化对储蓄率的影响呈现倒“U”型发展趋势，目前日本是在倒“U”型的后端阶段，韩国处于中间阶段，中国则处在前端阶段，或者说中国处于第一阶段，韩国处于第二阶段，日本处于第三阶段。与日韩两国“先富后老”“有备而老”相比，中国老龄化过程的劣势在于“未富先老”“未备先老”。计划生育政策促进了人口老龄化的进程提前，不完善的养老保险体制加剧了未来的不确定性，提高了人们的储蓄动机。日韩两国的发展趋势表明，中国的老年抚养比将进入快速上升时期，而中国的储蓄率基本达到了高峰，随着老龄化的影响不断显现，储蓄率将开始出现下降的趋势。应借鉴日韩应对老龄化的经验和教训，转变经济增长方式，建立多元化、可持续的养老保障体制，探索渐进式弹性化延长退休年龄改革，为老龄人口就业创造条件，充分利用“第二次人口红利”，把老龄人口从数量优势转变为质量优势，实现中国化的积极老龄化。

参考文献

1. 保罗·舒尔茨：《人口结构和储蓄：亚洲的经验证据及其对中国的意义》，载于《经济学

（季刊）》，2005 年第 4 期。

2. 蔡昉：《未富先老与中国经济增长的可持续性》，载于《国际经济评论》2012 年第 1 期。

3. 陈晶、黄险峰、冯志：《亚洲国家（地区）人口年龄结构变化对储蓄率的影响研究——基于 HW 模型对中国“第二人口红利”的分析》，载于《经济经纬》2014 年第 5 期。

4. 范叙春、朱保华：《预期寿命增长，年龄结构改变与我国国民储蓄率》，载于《人口研究》2012 年第 4 期。

5. 冯润祥：《中国高储蓄率：国际比较及发展趋势研究》（金融热点问题研究），中国人民银行上海总部重点研究课题选编，上海：上海三联书店，2011 年。

6. 胡翠、许召元：《人口老龄化对储蓄率影响的实证研究——来自中国家庭的数据》，载于《经济学（季刊）》2014 年第 4 期。

7. 姜熹焊、林仁焕：《国民年金与人口老龄化给民间消费、储蓄的影响》，韩国银行，2005 年。

8. 李宗和、金载弼：《政府政策与储蓄：国家之间小组讨论材料以及韩国资料分析》，韩国经济分析，第三卷第二号．韩国金融研究院，1997 年。

9. 史晓丹：《我国人口老龄化趋势对储蓄率的影响研究》，载于《南方经济》2013 年第 7 期。

10. 宋奇成、袁凯：《我国人口抚养比变化对居民储蓄率的影响——基于时间序列的实证研究》，载于《重庆理工大学学报（社会科学版）》2013 年第 11 期。

11. 苏春红：《人口老龄化的经济效应与中国养老保险制度选择》，经济科学出版社 2010 年版。

12. 汪伟、艾春荣：《人口老龄化与中国储蓄率的动态演化》，载于《管理世界》2015 年第 6 期。

13. 汪伟：《经济增长，人口结构变化与中国高储蓄》，载于《经济学（季刊）》2009 年第 9 期。

14. 汪伟：《中国“高储蓄现象”的部门分析：1952～2008》，载于：《上海行政学院学报》2011 年第 5 期。

15. 汪伟：《中国居民储蓄率的决定因素——基于 1995～2005 年省际动态面板数据的分析》，载于《财经研究》2008 年第 2 期。

16. 王德文、蔡昉、张学辉：《人口转变的储蓄效应和增长效应》，载于《人口研究》2004 年第 5 期。

17. 王森：《中国人口老龄化对居民储蓄率影响的定量分析——基于 VAR 模型的方法》，载于《中国人口科学》2010 年增刊。

18. 严东旭、吴莲姬：《浅谈韩国的老龄化问题及对策》，载于《国外社会科学》2003 年第 3 期。

19. 袁志刚、宋铮：《人口年龄结构、养老保险制度与最优储蓄率》，载于《经济研究》2000 年第 11 期。

20. 赵文哲、董丽霞：《人口结构，储蓄与经济增长——基于跨国面板向量自回归方法的研究》，载于《国际金融研究》2013 年第 9 期。

21. 中国人民银行课题组：《中国国民储蓄与居民储蓄的影响因素》，载于《经济研究》1999 年第 5 期。

22. 朱超、周烨、张林杰：《人口结构效应存在于储蓄投资行为与外部平衡吗？——来自亚洲的经验证据》，载于《中国人口科学》2012 年第 1 期。

23. 朱礼华、赵志勇：《当前中国老龄化的储蓄效应及其未来影响——基于日本的经验借鉴》，载于《西北人口》2013 年第 1 期。

24. Bjorn A. , "Scandinavian Evidence on Growth and Age Structure", Region Studies, 2001, 26: 377 - 390.

25. Bosworth B, Chodorow-Reich G. , "Saving and Demographic Change: The Global Dimension". 8th Annual Joint Conference of The Retirement Research Consortium, August, The Brookings Institution, 2006.

26. Braun A R, Ikeda D, Joines D H, "The Saving Rate in Japan: Why It Has Fallen and Why It Will Remain Low", *International Economic Review*, 2008, 1: 291 - 321.

27. Davis E. , "How Will Ageing Affect The Structure Of Financial Markets?", Presented At The G20 Workshop On Demography And The Financial Markets, 2006.

28. Dekle R. , "Aging And Capital Flows in Japan and Korea", The Asian Development Bank Institute Conference, Apr. 2001.

29. Hayashi F. , "Why is Japan's Saving Rate so Apparently High?", Cambridge MA: MIT Press, 1986, 147 - 234.

30. Higgins M, Williamson J G. Asian, "Demography and Foreign Capital Dependence", National Bureau of Economic Research, 1996.

31. Horioka C Y, Wan J. , "The Determinants of Household Saving in China: a Dynamic Panel Analysis of Provincial Data", *Journal of Money, Credit and Banking*, 2007, 39 (8): 2077 - 2096.

32. Horioka C Y. , "Aging and Saving in Asia", *Pacific Economic Review*, 2010, 15 (1): 46 - 55.

33. Iwaisako T, Okada K. , "Understanding the Decline in Japan's Saving Rate in the New Millennium", *Japan and the World Economy*, 2012, 24 (3): 163 - 173.

34. Katayama K. , "Why Does Japan's Saving Rate Decline so Rapidly?", Japan: Policy Research Institute, Ministry of Finance, 2006, 12.

35. Koga M. , "The Decline of Japan's Saving Rate and Demographic Effects", *Japanese Economic Review*, 2006, 57 (2): 312 - 321.

36. Kuijs L. , "How Will China's Saving-Investment Balance Evolve?", Washington: World Bank Policy Research Working Paper, 2006, No. 3958, 08.

37. Lee R. , "The Demographic Transition: Three Centuries of Fundamental Change", *The Journal of Economic Perspectives*, 2003, 17 (4): 167 - 190.

38. Leff N H. , "Dependency Rates and Savings Rates ", *The American Economic Review*, 1969, 59: 886 - 896.

39. Modigliani F, Brumberg R. , "Utility Analysis and the Consumption Function: An Interpretation of Cross Section Data", In Post-Keynesian Economics, ed. , K. K. Kurihara, New Brunswick: Rutgers University Press, 1954, 388 - 436.

40. Modigliani F, Cao L S. , "The Chinese Saving Puzzle and the Life-Cycle Hypothesis", *Journal of Economic Literature*, 2004, 42 (1): 145 - 170.

41. Shibuya H. "Japan's Household Saving Rate: An Application of The Life-Cycle Hypothesis", TMF Working Paper, 1987, No. 87/15.

42. Suzuki T. , "Low Fertility and Population Aging in Japan and Eastern Asia, Springer Briefs in Population Studies", Japan: Springer Verlag, 2014, 1 – 87.

43. UN (2015), "Population Division. World Population Prospects: The 2015 Revision", Volume I: Comprehensive Tables ST/ESA/SER. A/379, http: //esa. un. org/wpp/Documentation/publications. htm.

44. 강종구, 김영준, "Demographic Changes and Industry Structure", *Journal of Korean Economic Analysis*, 2013, 19 (3): 233 – 289.

East Asian Characteristics of Effects of Population Aging on the Savings Rate: Empirical Research from China-Japan-Korea

Liu Wen Bie Anzi

(Business School of Shandong University at Weihai,
Shandong Weihai 264209, China)

Abstract: China-Japan-Korea are serious population aging countries in the East Asia area, and the effect of population aging on the savings rate in the three countries has some "East Asian characteristics". This paper selects elderly dependency ratio, children dependency ratio, GDP per capita growth rate and the interest rates of three countries during 1980 – 2014 to study the effect of population aging on the savings rate through the VAR model. The conclusion is that the effect of population aging on savings rate in Japan consistent with the life cycle hypothesis, and with ageing population increasing, the rate of savings increases at first, then tends to a smooth trend and finally decreases. But it appears contrary trend in China, the savings rate is rising with population aging. And with the accelerated process of aging, China and South Korea will be in the process of decline in the savings rate. Aging is the cause of the savings rate of the three countries, but the main factor affecting the savings rate of China and Japan is the children's dependency ratio, and South Korea is affected by the impact of their own savings. The effect of population aging on the savings rate in Japan and Korea indicates the possible future development path of China.

Key words: *aging rate of saving China-Japan-Korea VAR*

养老保险长寿风险的量化研究

——基于 Lee－Carter 模型的我国未来人口死亡率预测

袁　磊　潘海峰*

摘　要：利用 1994～2013 年数据，对我国 2014～2050 年历年分年龄分性别死亡率进行预测。首先采用 1994～2003 年数据对 2010 年死亡率进行试算，与实际值的对比结果显示 Lee－Carter 模型可靠，参考均方误差（MSE）指标，确定男性采用直接计算方法，女性采用合并再插值方法预测死亡率，以求结果准确。结果分析显示死亡率的下降将对我国未来人口数量产生一定影响，这一成果有利于进一步研究我国劳动力供给规模及结构、保障养老金体系的健康运营、寿险长寿风险等课题。

关键词：Lee－Carter 模型　死亡率　人口预测

一、引言

（一）文献综述

寿险的长寿风险来源于死亡率的变化。随着医疗技术的进步和生活水平的改善，人类的死亡率呈现不断下降的趋势。这在延长了人口的预期寿命的同时，也在一定程度上加剧了人口老龄化的趋势，给养老保障制度和保险行业的发展带来长寿风险。因此，对未来我国人口的死亡率进行合理预测，对保障养老金体系的健康运营、保险业的健康发展具有重要意义。

Lee－Carter 模型最初在 1992 年被美国人口统计学家李和卡特（Lee and Carter）提出，用以模拟并预测美国人口的死亡率水平。后来的学者经过大量的实证检验，认为该模型适合于多个国家的死亡率水平的预测①；王晓军和蔡正高（2008）沿死亡率模型发展轨迹，梳理了确定性死亡率模型、离散时间随机死亡率模型和连

---

* 袁磊，中央财经大学中国经济与管理研究院博士研究生；潘海峰，中央财经大学中国经济与管理研究院博士研究生。E-mail：yuanlei0801@126.com。

① 李志生、刘恒甲：《Lee－Carter 死亡率模型的估计与应用——基于中国人口数据的分析》，载于《中国人口科学》2010 年第 3 期。

得到的参数估计值的拟合效果最好①。因此采用 WLS 方法对参数 k_t 进行估计。

在 WLS 方法中，将式（1）两边对年龄 x 求和，可得 k_t 的估计值 $\hat{k}_t = \sum_{x=0}^{X}[\ln(m_{x,t} - \hat{\alpha}_x)]$。韦萌丝（1996）证明了 $\ln(m_{x,t})$ 的方差近似等于死亡人数 $d_{x,t}$ 的倒数，WLS 方法即将 $d_{x,t}$ 作为残差平方和之权重。由加权后的残差平方和 $\sum_{x=0}^{X}\sum_{t=1}^{T} d_{x,t}\cdot[\ln(m_{x,t}) - \hat{\alpha}_x - \hat{\beta}_x\cdot\hat{k}_t]^2$，求得 $\beta_x = \frac{\sum_{t=1}^{T} d_{x,t}\cdot k_t\cdot[\ln(m_{x,t}) - \alpha_x]}{\sum_{t=1}^{T} d_{x,t}\cdot k_t^2}$。得到了参数 α_x、β_x 与 k_t 之后，根据式（1），将参数代入方程 $m_{(x,t)} = e^{(\alpha_x+\beta_x\cdot k_t)}$，可得第 t 年 x 岁人群的死亡率。

二、我国未来人口死亡率预测

（一）数据来源与处理

研究所采用的数据是 1993 ~ 2013 年我国人口的分年龄分性别死亡率，因此 T = 20。t = 1 代表 1993 年，以此类推，t = 20 代表的是 2013 年。这其中，1993 ~ 2005 年数据来源于《中国人口统计年鉴》，2006 ~ 2013 年数据来源于《中国人口和就业统计年鉴》。

鉴于研究成果主要用于未来我国劳动力供给预测以及养老保险收支情况分析，本研究主要关心未来适龄劳动人口的死亡率以及在世的养老保险参保退休人员规模，超高龄人口死亡率的预测结果对研究过程不产生影响；而且超高龄人口的死亡率不稳定且对人口结构影响较大，这给超高龄人口死亡率的预测带来较大难度②。基于以上原因，将死亡率的上限年龄定在 90 岁及以上，也即 X = 90。

1993 ~ 2013 年死亡率数据存在两个缺陷，需要做技术处理。一是统计年鉴所给出的数据中，统计口径并不统一：2000、2005 及 2010 3 个年份死亡率数据统计至 100 岁及以上，1995 和 1996 2 个年份统计至 85 岁及以上，其余年份的死亡率数据均统计至 90 岁及以上。对于这一问题，利用插值法，借助前后几年的数据，补全 1995 和 1996 两个年份的 85 ~ 89 岁与 90 岁及以上每个年龄的死亡率。同时利用统计资料中 90 ~ 99 岁、100 岁及以上人口及对应死亡人数计算出 2000、2005 和 2010 3 个年份的 90 岁及以上人口死亡率。

二是部分年份数据空缺，或者说值为 0。在非人口普查的年份，我国分年龄分性别人口死亡率数据来源于对封闭群体的人口死亡情况进行观察而得来，属抽查数据，

①② 李志生、刘恒甲：《Lee - Carter 死亡率模型的估计与应用——基于中国人口数据的分析》，载于《中国人口科学》2010 年第 3 期。

并非普查数据。在这一个封闭的群体内，难免会存在个别年份里某个性别及年龄的人口死亡人数为0，体现在数据上就是死亡率空缺或值为0。在这20年的数据中，男性死亡率数据空缺5个，而女性数据空缺多达28个。这一情况与Lee－Carter模型的假定相悖，因此根据相邻年份的数据，利用插值法将空缺数值改写。

数据处理完成后，提取1995、2000、2005和2010 4个年份的每个年龄下死亡率数据进行分析。选取这4个年份是因为这些年份数据由全国人口普查而来，可靠性较好。考虑到数据间的差异较大，直接画出折线图难以直观展现，因此进行取对数处理后，再画出折线（见图1）。在图1中可以看到，死亡率由出生时的

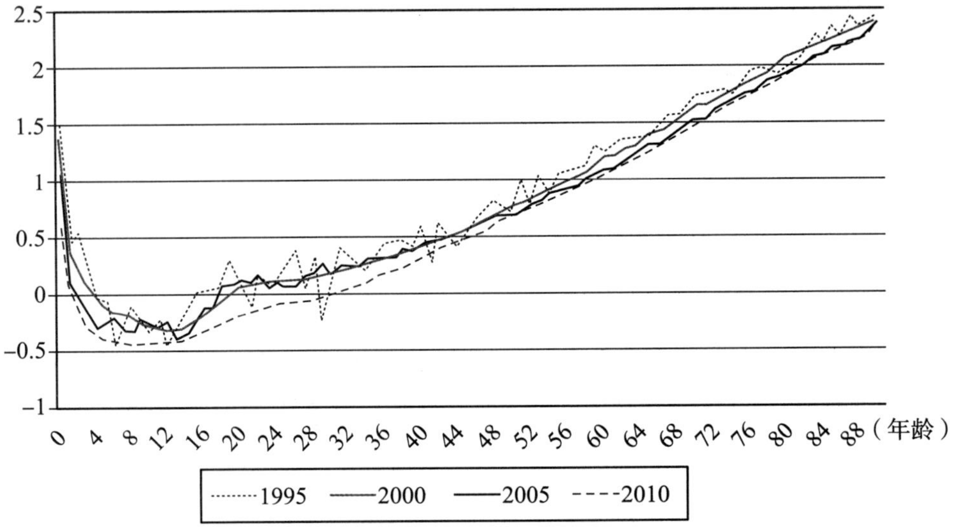

男性指标

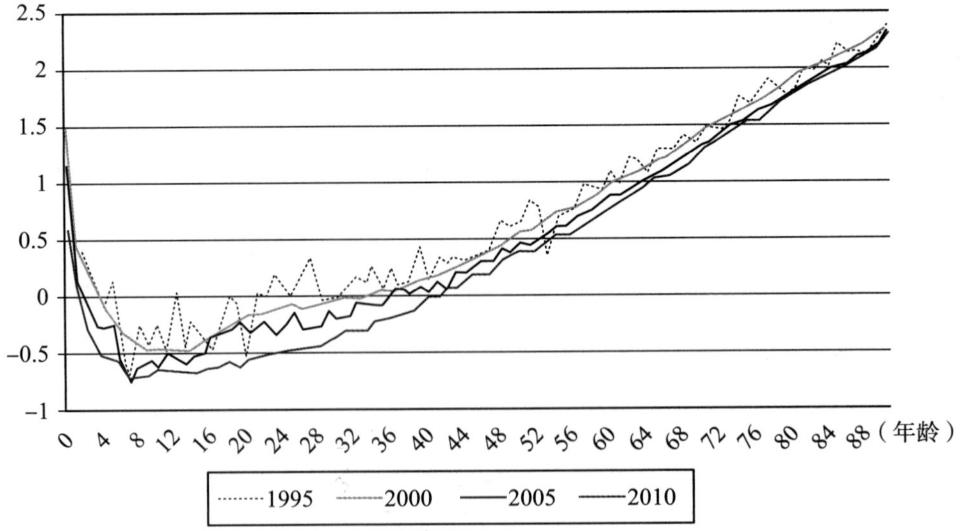

女性指标

图1　$\ln(m_{x,t})$ 参数折线

高位逐步走低，在 10 ~ 15 岁时到达低点，后开始长期的逐步上升，直至 90 岁及以上达最大值。同时还可看出，随着年份的推移，我国人口死亡率在逐步下降，尤其是 12 ~ 44 岁人口死亡率下降明显。

（二）模型可靠性检验与数据处理方法选择

由于死亡率数据要预测至 2050 年，时间跨度大，稍许的偏差在时间的推演下也会造成预测结果的严重偏离，这对模型的可靠性提出了较为严格的要求。因此，有必要检验模型可靠性。利用 1994 ~ 2003 10 年间的数据，对 2010 年的死亡率进行预测，以此来对 Lee – Carter 模型进行检验。选择 2010 年作为对比的年份，其原因是 2010 年数据来源于第六次全国人口普查，数据的真实性较高，具有参照价值。

考虑到在非人口普查年份，人口死亡率数据均来源于抽样调查，难免会造成数据有偏差，在此设计了一个死亡率数据合并方案——即先将死亡率数据每 5 年合并成一个年龄组，形成 0 ~ 4 岁、5 ~ 9 岁、10 ~ 14 岁……85 ~ 89 岁、90 岁及以上共 19 个年龄分组，以 Lee – Carter 模型预测各年龄组的死亡率，然后再利用插值方法得到 2010 年每一个年龄的死亡率数据预测值，以此平滑数据，修正偏差（下文简称，合并再插值方法）。将直接利用模型得到的预测数据和采用合并再插值方法得到的预测数据与 2010 年实际数据进行对比及检验，以此为依据，确定是否预测效果最优方法，并论证 Lee – Carter 模型的可靠性。

通过对 1994 ~ 2003 年数据的计算，得到两种方法下的各个模型参数。其中 K 值参数如表 1 所示。

表 1　　两种方法下分男女 K 值计算及预测结果

年份	直接计算		合并再插值	
	男	女	男	女
1994	4. 2631	17. 9026	1. 3524	2. 8715
1995	8. 0108	11. 2058	1. 5348	2. 2163
1996	7. 8052	10. 7933	1. 5358	2. 1868
1997	5. 8293	6. 3791	1. 6967	1. 3391
1998	5. 3524	1. 1042	1. 1161	0. 2741
1999	– 4. 2835	2. 0231	– 1. 0844	– 0. 1013
2000	– 1. 0026	– 1. 7677	– 0. 6017	– 0. 9075
2001	– 5. 9434	– 19. 4014	– 1. 5005	– 2. 7362
2002	– 7. 8804	– 17. 3569	– 1. 5702	– 3. 0641
2003	– 12. 1511	– 10. 8821	– 2. 4789	– 2. 0787

以 ARIMA 模型对 K 值进行拟合，并将其预测至 2010 年。考虑不同性别和不同预测方法，对四组数据分别进行 ARIMA 模型的拟合，得到：直接计算方法下的男性数据的模型为 ARIMA（0，1，1）；女性的模型为 ARIMA（0，1，1）；合并再插值方法下的男性数据的模型为 ARIMA（0，1，1）；女性的模型为 ARIMA（0，1，2）。利用上述模型可以得出 2010 年直接计算的男性 K 值为 -42.3953，女性 K 值为 -30.6770；合并再插值方法下男性 K 值为 -6.4086，女性 K 值为 -6.0659。将预测值代入 Lee-Carter 模型，得到了直接计算和合并再插值方法下的分男女 2010 年我国人口死亡率预测值。以 2010 年人口普查所得实际值为标杆，对两种方法下的预测值分别与实际值进行比较。经检验，误差在 10% 的年龄数量，均在 78.42% 以上，认为 Lee-Carter 模型在利用历史数据预测我国未来分年龄分性别死亡率方面具有一定可靠性。采用均方误差（MSE）这一指标进行评价，在男性的分析中合并再插值法的均方误差为 0.0122，而直接计算方法的均方误差为 0.0051，故直接计算的精度好于合并再插值法的预测精度；在女性的分析中合并再插值法的均方误差为 0.0021，而直接计算方法的均方误差为 0.1281，故合并再插值法的预测精度明显好于直接计算的精度。因此，在研究中，采用直接计算的方法，预测我国未来男性分年龄死亡率；采用合并再插值的方法，预测我国未来女性分年龄死亡率。

以前述数据处理方法所得到的数据为基础，分别采用直接计算和合并再插值两种方法对我国未来 2014～2050 年男性和女性的每个年龄下死亡率进行预测。因数据处理方法不同，所得到的参数大小及维度有差异，两者无法进行对比，所以需要针对男性和女性分别编程处理、分别研究。

（三）参数估计

利用 Lee-Carter 模型对我国未来人口死亡率进行预测，需要得到参数 α_x、β_x 与 k_t 三个参数的估计值。根据 1994～2013 年人口数据，分别得到了男性和女性的三个参数的估计值折线，如图 2～图 4 所示。

由于女性年龄死亡率数据被合并成为 19 个年龄组的死亡率数据，因此女性参数 α_x 和 β_x 的向量长度较男性有所不同，且女性的三个参数折线图较之男性更为平滑。但是男性女性的参数也存在共性，如 α_x 的估计值都在 12 岁以前快速下降，而后经历平稳上升过程，4 岁以下和 52 岁以上的数值徘徊在高位。又如男性女性 β_x 的估计值随着年龄的变化均有所波动，整体趋势表现为：4 岁前指标值最高，而后下降至 50 岁左右又缓慢升高，这是因为新生儿死亡率较高，且对死亡率趋势变化较为敏感。50 岁以上的 β_x 指标增长不明显，甚至在 85 岁之后呈现微下滑趋势，说明高龄人口死亡率增高的趋势更多地依赖年龄特征变化而不是时间特征变化。k_t 的估计值总体呈现下滑趋势，意味着随着时间推移，我国 1994～2013 年间死亡率指标逐步降低，k_t 估计值近似线性的下降趋势说明死亡率降低的速率维持在一个稳定水平。

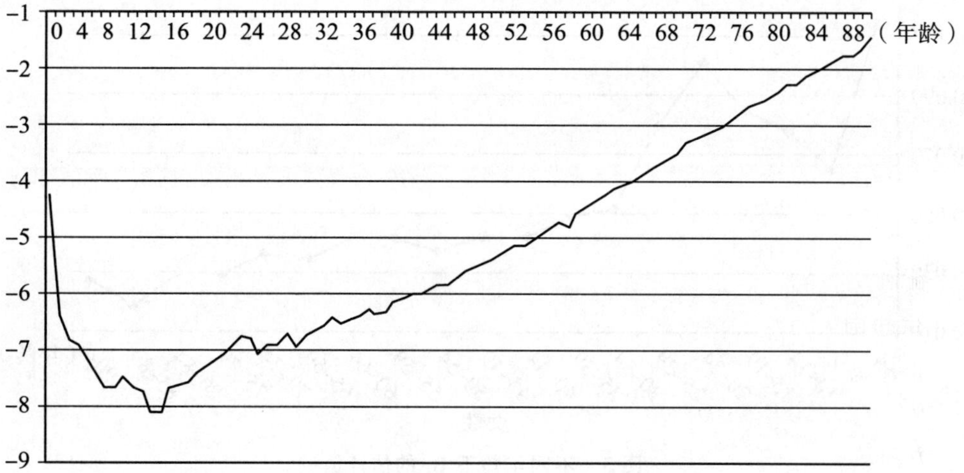

男性

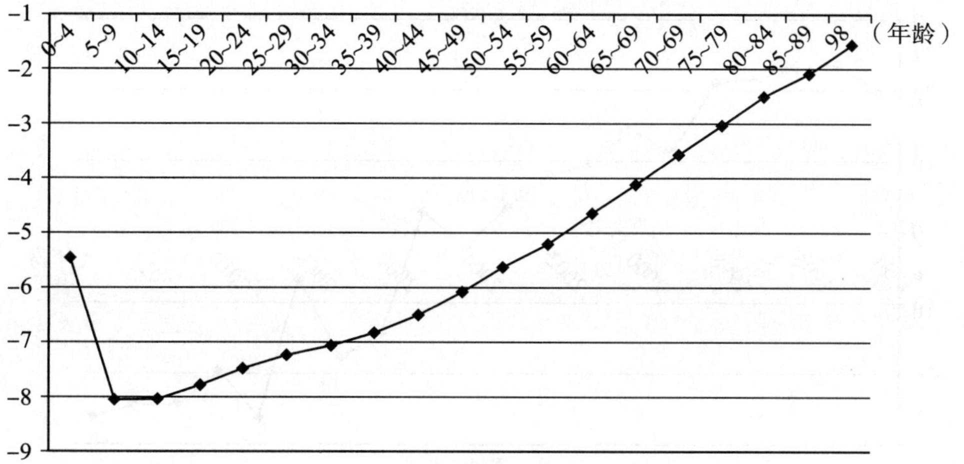

女性

图 2　不同年龄下 α_x 的估计值

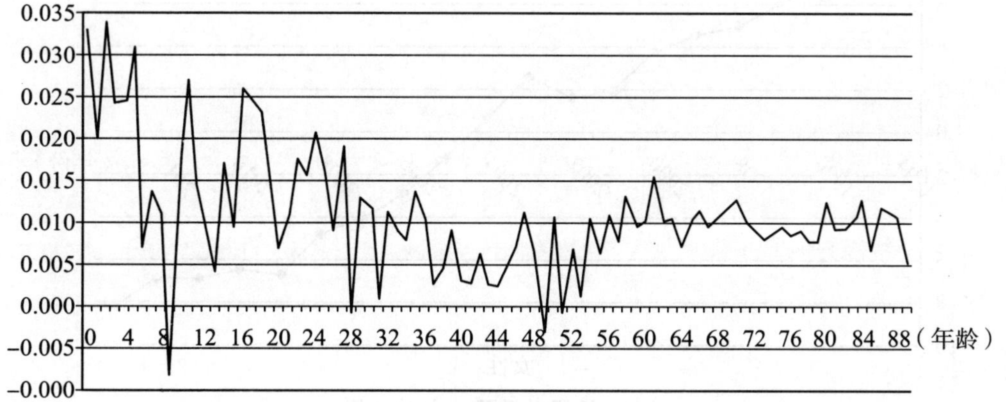

男性

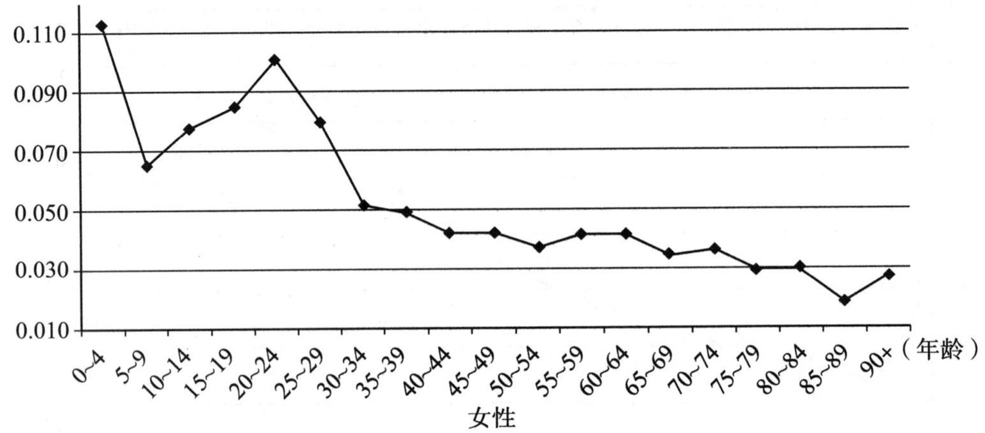

女性

图 3　不同年龄下 β_x 的估计值

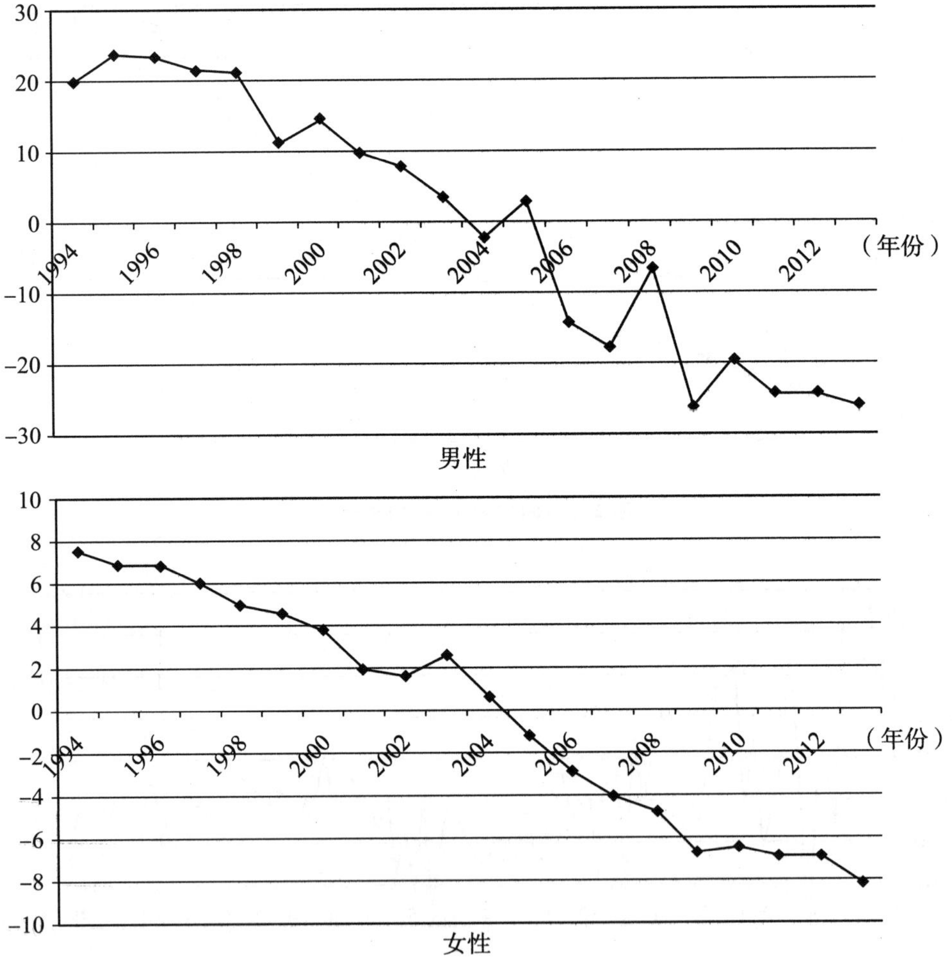

女性

图 4　不同时间下 k_t 的估计值

在得到1994~2013年20个年份下的参数k_t后，借助ARIMA模型对参数2014~2050年间的男性k_t参数进行估计。由图4可以观察到，1994~2013年男性和女性k_t参数都呈现为近似线性下降的趋势，因此为保证数据的平稳性，需要对k_t序列做一阶差分，并对差分后的序列进行ADF检验，检验结果如表2所示。

表2　　Δk_t序列的ADF单位根检验

性别		男性		女性	
指标		t - Statistic	Prob.*	t - Statistic	Prob.*
ADF (Augmented Dickey - Fuller) 检验值	检验	-6.464516	0.0001	-6.464516	0.0066
	1%水平	-3.886751		-3.857386	
	5%水平	-3.052169		-3.040391	
	10%水平	-2.666593		-2.660551	

从以上分析得知，两个k_t序列是1阶单整序列，即序列Δk_t是平稳的。然后利用AIC和SBC准则来确定模型中的p值和q值，检验结果如表3所示。

表3　　Δk_t序列的模型识别

男性				女性			
p \ q	0	1	2	p \ q	0	1	2
0	6.92	6.05	6.10	0	2.51	2.61	2.40
1	6.58	6.03	6.14	1	2.68	1.85	2.56
2	6.34	6.14	5.97	2	2.74	1.55	1.61

检验结果显示，对于男性k_t序列可以拟合ARIMA(2，1，2)模型，对于女性k_t序列可以拟合ARIMA(2，1，1)模型。利用Eviews软件对两序列建立以下模型：

$$\left(1-\sum_{i=1}^{p}\phi_i\cdot L^i\right)\cdot(1-L)^d\cdot k_t=\lambda+\left(1+\sum_{i=1}^{q}\theta_i\cdot L^i\right)_{\varepsilon t-1}$$

其中，L为滞后算子，p为自回归项数，q为移动平均项数，d为使k_t序列成为平稳序列所做的差分次数，λ为常数项，ε为误差项。

男性k_t序列拟合的ARIMA(2，1，2)模型为：

$$(1+1.31\cdot L+0.64\cdot L^2)\cdot(k_t-k_{t-1})=-3.30+(1-0.02\cdot L-0.90\cdot L^2)_{\varepsilon t-1}$$

其中各系数t检验和方程F检验的p值在5%置信水平都是显著的，同时调整

后的 R^2 为 0.7，综上说明拟合的 ARIMA 模型是显著的。

女性 k_t 序列拟合的 ARIMA（2，1，1）模型为：

$$(1-0.55\cdot L+0.36\cdot L^2)\cdot(k_t-k_{t-1})=-0.99+(1-1.94\cdot L)_{\varepsilon t-1}$$

其中各系数 t 检验和方程 F 检验的 p 值在 5% 置信水平都是显著的，同时调整后的 R^2 为 0.69，综上说明拟合的 ARIMA 模型是显著的。

通过建立以上 ARIMA 模型，得到 2014～2050 年间的男性和女性 k_t 参数估计值。

（四）模型预测结果及分析

在得到各参数的估计值后，将其代入模型，得到我国未来 2014～2050 年历年分年龄分性别的人口死亡率。下面从年份推演和年龄发展两个维度，对我国未来分男女的死亡率指标进行分析。

提取 2010～2050 年每 10 年的死亡率数据，共 5 组数据，绘制成参数折线如图 5 所示。从图 5 中可以看到，不论男性还是女性的死亡率指标，呈现显著下降趋势，尤其是低龄人口的死亡率，逐渐下降，10～25 岁的死亡率下降趋势不再显著。随着年龄的变化，男性的死亡率有着一定的波折，但女性死亡率变化相对平稳，这是由于女性死亡率指标采用合并再插值的方法得到，死亡率随年龄增长的波动趋势因此而平滑。

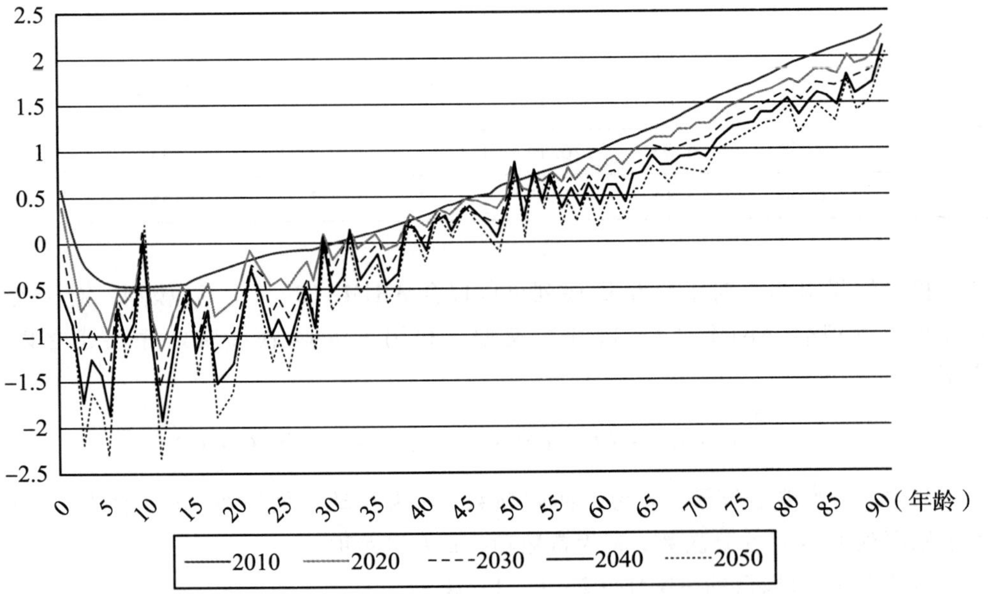

男性指标

图 5　死亡率预测 $\ln(m_{x,t})$ 参数随年龄变化折线

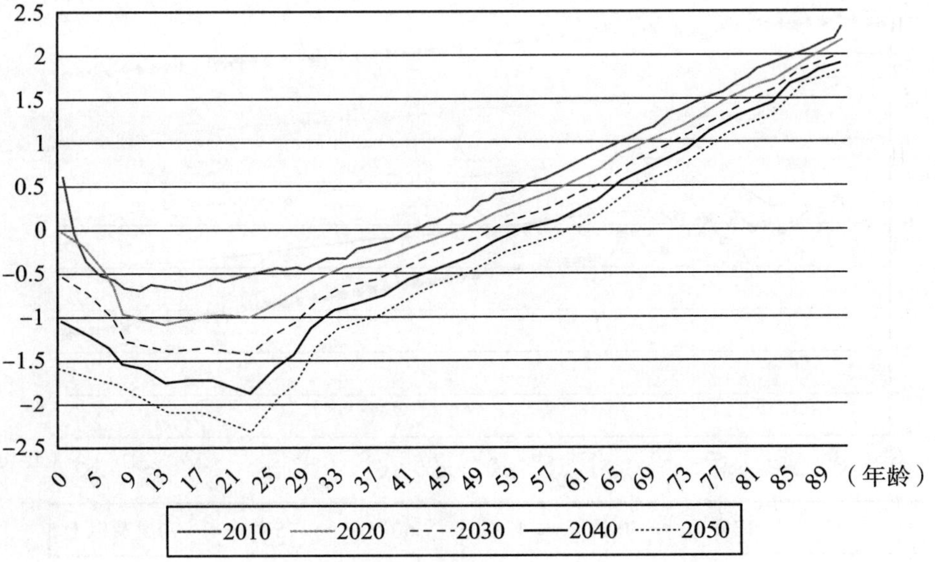

女性指标

图 5　死亡率预测 $\ln(m_{x,t})$ 参数随年龄变化折线（续）

对 0～90 岁及以上人口，提取每隔 15 岁的死亡率指标共 7 组，绘制 1994～2050 年的 $\ln(m_{x,t})$ 参数发展折线，得到图 6。从图 6 中可以看出，0 岁人口（新生儿）的男女死亡率数据下降速度最快，图中其他年龄的男女死亡率以几乎相同的速率在缓慢下降。对比男女的死亡率指标，女性的各年龄死亡率指标普遍低于男性。另外，从死亡率指标的年龄差异来看，人口死亡率由高到低依次是 90 岁及以上、75 岁、60 岁、45 岁、30 岁，0 岁（2040 年后）和 15 岁人口死亡率。

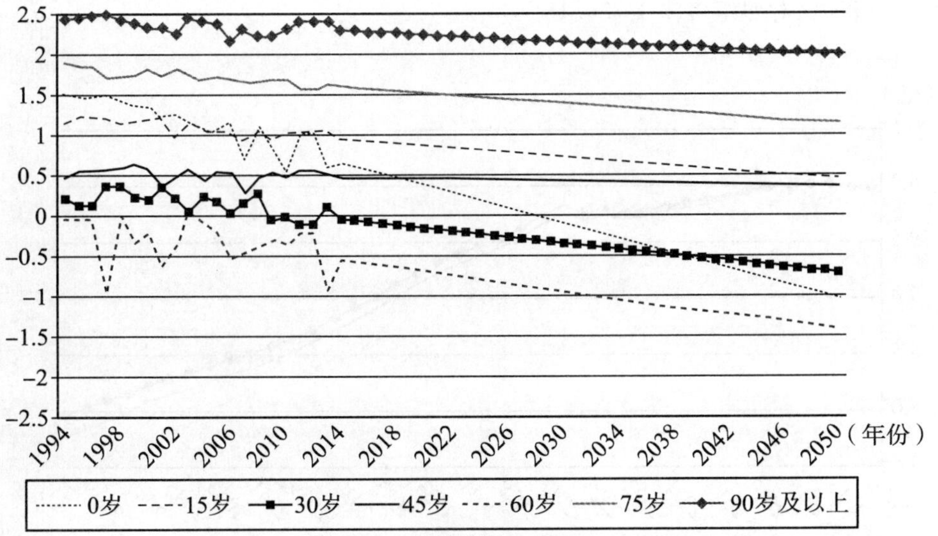

男性指标

图 6　死亡率预测 $\ln(m_{x,t})$ 参数随年份变化折线

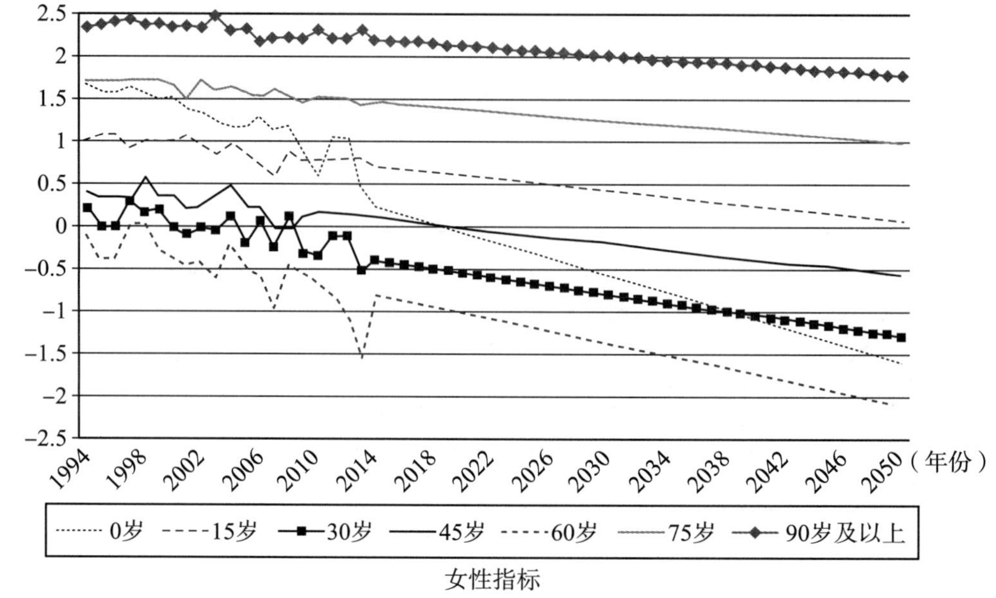

图 6　死亡率预测 $\ln(m_{x,t})$ 参数随年份变化折线（续）

在得到死亡率预测指标之后，以 2010 年全国人口普查得到的分年龄分性别人口数和新生儿男女性别比为基础，设置总和生育率指标为 1.3，对未来我国至 2050 年分年龄总人口进行模拟，并提取 15～64 岁劳动年龄人口数据，并与对照组进行对比。对照组选用 2010 年全国人口普查资料中死亡率数据。从图 7 中可以看出，按照 Lee－Carter 模型所得死亡率测算的我国未来劳动年龄人口，显著多于对照组的劳动年龄人口。以 Lee－Carter 模型得到的死亡率指标测算的劳动年龄人口，在 2050 年当年比对照组多出 1 739.18 万人。

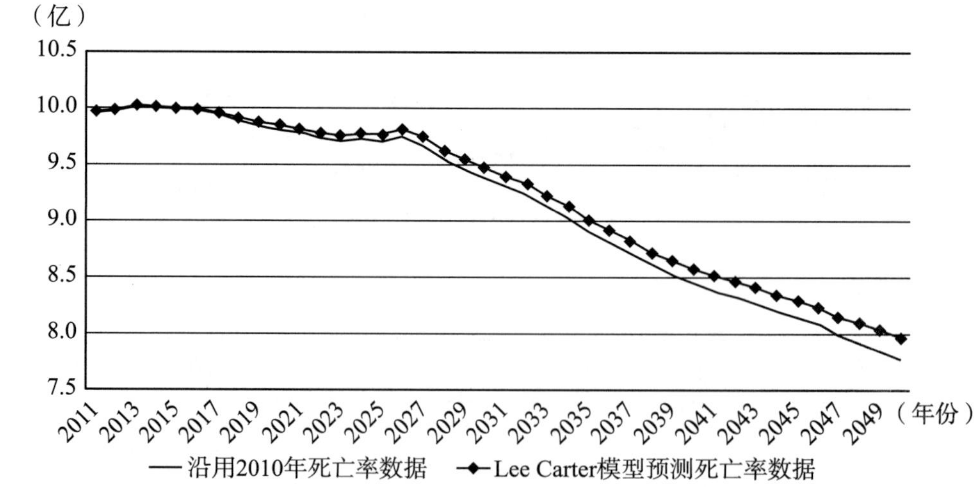

图 7　两种死亡率下我国未来劳动年龄人口规模对比

三、结论

借助 Lee - Carter 模型，利用经过处理的 1994 ~ 2013 年的我国人口分年龄分性别死亡率数据，分别求出了参数 α_x、β_x 与 k_t 三个参数的估计值，并对我国 2014 ~ 2050 年历年份下的分年龄分性别死亡率进行了预测。为了验证在较广的时间跨度下 Lee - Carter 模型的可靠性，在研究中利用 1994 ~ 2003 年 10 年间的数据，对 2010 年的死亡率进行预测，与实际值的对比结果显示模型可靠性好。参考均方误差（MSE）这一指标，确定了采用直接计算的方法，预测我国未来男性分年龄死亡率、采用合并再插值的方法，预测我国未来女性分年龄死亡率的模型形式，以求结果更为准确。

根据对预测结果的分析，认为：

（1）我国未来人口死亡率呈现显著下降趋势，尤其是低龄人口的死亡率，逐渐下降。

（2）女性的各年龄死亡率指标普遍低于男性。

（3）死亡率预测值提高了未来我国的人口峰值，推后了人口峰值来临的时间窗口，并延缓了峰值来临后总人口的下降趋势。

通过研究给出了我国未来至 2050 年历年分年龄分性别的死亡率数据，这对于进一步研究我国劳动力供给规模及结构、保障养老金体系的健康运营、寿险长寿风险具有重要意义。

参考文献

1. 李志生、刘恒甲：《Lee - Carter 死亡率模型的估计与应用——基于中国人口数据的分析》，载于《中国人口科学》2010 年第 3 期。

2. 王晓军、蔡正高：《死亡率预测模型的新进展》，载于《统计研究》2008 年第 9 期。

3. 祝伟、陈秉正：《中国城市人口死亡率的预测》，载于《数理统计与管理》2009 年第 4 期。

4. 韩猛、王晓军：《Lee - Carter 模型在中国城市人口死亡率预测中的应用与改进》，载于《保险研究》2010 年第 10 期。

5. 刘娟、杨明旭：《Lee - Carter 估计模式推算中国农村老年人口死亡率的研究》，载于《南方人口》2011 年第 4 期。

6. 王建平、涂肇庆：《香港人口死亡率演变及其未来发展》，载于《人口研究》2003 年第 9 期。

7. 田今朝：《高年龄段死亡率模型研究》，载于《保险研究》2007 年第 4 期。

8. 艾蔚：《基于 Lee - Carter 模型的养老保险个人账户缺口研究》，载于《保险研究》2012 年第 2 期。

9. 田梦、邓颖璐：《我国随机死亡率的长寿风险建模和衍生品定价》，载于《保险研究》2013 年第 1 期。

10. 王洁丹、朱建平、付荣：《函数型死亡率预测模型》，载于《统计研究》2013 年第 9 期。

11. 金博轶：《随机利率条件下保险公司长寿风险自然对冲策略研究》，载于《保险研究》2013 年第 5 期。

12. 王晓军、任文东：《有限数据下 Lee – Carter 模型在人口死亡率预测中的应用》，载于《统计研究》2012 年第 6 期。

Research on Measurement of Longevity Risk of Pension System: A Projection of the Population Mortality in China Based on Lee – Carter Model

Yuan Lei　Pan Haifeng

Abstract: The death rate of 2010, which is forecasted with reference to the data from 1994 to 2003, indicates the Lee – Carter model is reliable as compared with the actual figures. In view of MSE indicator, it is concluded the male take the method of direct calculation while female take the method of merger before interpolation to ensure the results accurate. With the data from 1994 to 2013, the death rates from 2014 to 2050 are predicted for each year and classified by gender and age. The results show that the declining death rate will have certain impacts on future population of China, which benefits further study on supply scale and structure of labor force, on maintaining healthy operating of pension system as well as on life insurance and longevity risk, etc.

Key words: *Lee – Carter Model　Death Rate　Forecast of Population*

一个劳动者离职决策的博弈分析框架

田 辉*

摘 要：劳动者的离职行为首先会受到劳动者与雇主双方之间的自身特征的影响，例如，劳动者的保留工资、公平感等；其次就是双方所处的生产过程本身特点，例如，雇主本身所采取的专制或霸权的生产政体形式也会影响到双方的讨价还价；从更大的方面讲，国家政策、劳动力市场也会通过生产政体影响到双方。于是在此基础上提出了基于雇主和劳动者之间进行讨价还价的劳动者流动决策模型。经过研究分析得出企业剩余的分享是影响到劳动者离职决策的重要因素，反映了双方的谈判实力以及相应的政治、经济、市场环境等。同时劳动者谈判失利的后果主要体现为退出，即如果劳动者不能通过谈判获得相对应的剩余比例，那么劳动者就会通过“用脚投票”的方式来表达。

关键词：劳动者 流动决策 讨价还价

在企业组织内部，劳动者离职的自由是相对的，受到许多因素影响，其中对劳动者影响最大的则是雇主本身，雇主的管理策略或对劳动者的让步程度对劳动者的离职决策有着决定性的影响，也就是说，劳动者离职决策是劳动者与雇主双方进行讨价还价博弈的结果反映。

劳动者和雇主双方是一个相互矛盾的共同体。雇主作为物质资本的人格主体的主要使命是获取利润，而劳动者作为人力资本主体除了实现自己的投资价值外，也想额外获得更高的收入。二者的实现自身使命的前提是双方所拥有的生产要素的全面结合，这就注定了双方谁也离不开谁。在信息不完备因而市场不能完全有效运作的情况下，一群要素所有者，或者说人力资本与非人力资本的所有者之所以愿意组成一个企业而不是各自作为独立的交易者到产品市场上去进行频繁的交易，一定是

* 田辉，北京劳动保障职业学院讲师，E-mail：tian－h@126.com。

因为他们都相信进行这种合作能给自己带来较高的收益，也就是说，他们都相信：第一，企业能产生合作盈余（企业价值大于其所有成员独立行动的收益之和的差额）或组织租金；第二，自己能分得一部分组织租金从而与独立行动时相比，能在企业里获得一份较高的收益。

劳动者与雇主之间的合作是一种双赢，对于劳动者而言则是获得了工资，而雇主则获得了利润，其实，这是一种似是而非的说法。利润是什么，传统的说法是产品收益减去成本（包括工资）之后的剩余。那么工资又是什么呢？传统的工资理论告诉我们说一般市场工资不可能低于生存工资，而最高额取决于企业盈利水平以及雇主愿意给予劳动者的份额。于是紧跟着的问题就是这其中劳动者应该获得的份额是多少，传统的经济理论对此没有一个很明确的说法。

一位雇员为了在当前和未来获得工资而答应为一位雇主完成工作任务的这种协议可以被看成是一种合同。雇用关系可以看成是雇主和劳动者之间的一种合同。劳动者被雇主雇来帮助他们实现自己的目标，作为回报，劳动者获得工资和其他福利。杨瑞龙和周业安认为企业作为人力资本和非人力资本的一种特殊合约具有不完备性。产权作为使一个人和其他人收益或受损的权利，其核心是对人的行为，人与人之间利益关系的界定。人力资本与非人力资本同是参与实际经济活动的主体，两者的差异不在于产权权益的大小。契约背后隐含的产权的平等性和独立性要求签订企业合约的主体之间是平等的、独立的关系。产权的基本内涵承认一个人追求和保护自身产权权益的合理性、合法性。劳动者与雇主双方在进行着一个常和博弈，任何一方的获得可以说是另一方的所失，这就注定了劳动者和雇主之间的谈判行为是劳资关系领域的一个永恒主题。借助于布洛维的“工厂政体”范畴，本文提出了“讨价还价的谈判博弈”的概念，为研究劳动者的具体状况提供了一个真正的立足点。它有助于实现两个转变：返回到具体的劳动契约，返回到具体的、有血有肉的劳动者本身，在这里，劳动契约不再是完全的理性人（雇主和劳动者）之间经过完全计算后的最优选择，而是作为有血有肉的劳动者在与雇主进行讨价还价后的一种选择；劳动契约也不再是一劳永逸的，一旦签订完毕双方就可以照着执行的死板条文，而是将劳动契约看成是一系列的由短期契约构成的长期契约，所以劳动者与雇主双方之间的讨价还价不是一次性的，而是随时都在进行的。从以上观点看出，劳动者的离职行为可以看做是劳动者与雇主双方进行劳动契约先谈判时达不成协议，即谈判破裂所导致的劳动者的一种离开雇主的行为选择。

所以劳动者的离职行为首先应该看成是劳动者与雇主双方之间的契约谈判的结果，首先是受到双方的自身特征的影响，例如，劳动者的保留工资、公平感等；其次就是双方所处的生产过程本身特点，例如，雇主本身所采取的专制或霸权的生产政体形式也会影响到双方的讨价还价；从更大的方面讲，国家政策、劳动力市场也会通过生产政体影响到双方。因此本文将达成劳动契约的具体活动和斗争与宏观外部由市场和国家造就的各种制度安排联系起来，思考它们对劳动契约的具体作用和实际影响。在这里，劳动者与雇主的契约达成行动与其背后的制度安排、微观场景与其宏观背景，都是密不可分地结合在一起的，后者通过前者具体地体现出来。

一、企业剩余与讨价还价

企业剩余（参见林毅夫，2001；魏刚，2000；张维迎，1996 等）的分享一般是在管理者和企业所有者之间进行讨论的。现代企业理论认为企业作为价格机制的替代物，不过是以一个要素市场的交易合约替代了市场的价格机制，而且企业合约是权利义务条款没有事前界定，要素买方有权在合约过程中追加规定的一种特别合约。企业是一个市场契约说明它是多个所有权之间为让渡各自产权而彼此作出的保证兑现的承诺。企业是社会经济活动中最重要的一种微观层次的经济组织，是由不同的经济主体遵循权利与责任相对称的原则自愿构成的一组契约。经济主体凭借各自的经济权利索取收益和从事经济活动的行为方式，必须从研究其经济权利入手。因为经济权利实际上是构成经济组织的主体的权利义务的分配，一般一方主体的权利实际上就是另一方的义务，于是权利义务的分配就必须保持均衡和对称，也就是说，企业所有者、经营者和劳动者作为其内部的各方主体实际上是平等的。在这种情况下，劳动者工资的决定体现的是劳动者与雇主双方的意志，不是雇主作为管理者一个单方的决定过程，而是劳动者与雇主双方进行讨价还价之后的结果。

劳动者与雇主双方之所以能够自愿达成协议组成组织，那就意味着双方都能够从双方的合作中获益，劳动者能够获得更高的工资，雇主也能够获得更高的利润，这实际上是双方的合作能够创造某种合作剩余，而且合作剩余在劳动者与雇主中间进行了分享。例如，特殊培训能够提高工人的边际生产率，但这种作用只是在当前被雇用的企业中才有效。为了促使经受特殊培训的劳动者不离开企业（从而不毁掉企业所进行的投资），劳动者就必须获得一种更高的支付收入水平。然而，为了使这种投资决策合理化，企业必须具有一种这样的预期，即自己的投资成本能够得到补偿，而这意味着雇员在经过训练后所得到的工资必须比他们的边际收益产品低，同时这也意味着雇主也对“剩余”进行了分享。

劳动者在当前雇主这里的边际收益产品与他们在劳动力市场获得的平均工资相比要高，这种差距就是一种合作剩余，而劳动契约就是分割这种剩余的协议。对于劳动契约这种不完全劳动合同来说，剩余在双方之间的分割是绝对必要的，因为如果其中一方得到整个剩余，那么另外一方即使终止雇用关系也不会遭受任何损失。例如，一位雇主向劳动者支付的工资与他们能够在其他企业获得的工资相同，那么，劳动者就会辞职（从而也“毁掉”企业在他们的培训上所支付的人力资本投资）时就不会有任何损失。如图 1 所示的形式表示了这种剩余；在图 1 里，我们可以看到，一方增加自己分享份额的努力会导致另外一方在终止雇用关系所招致的损失降低。

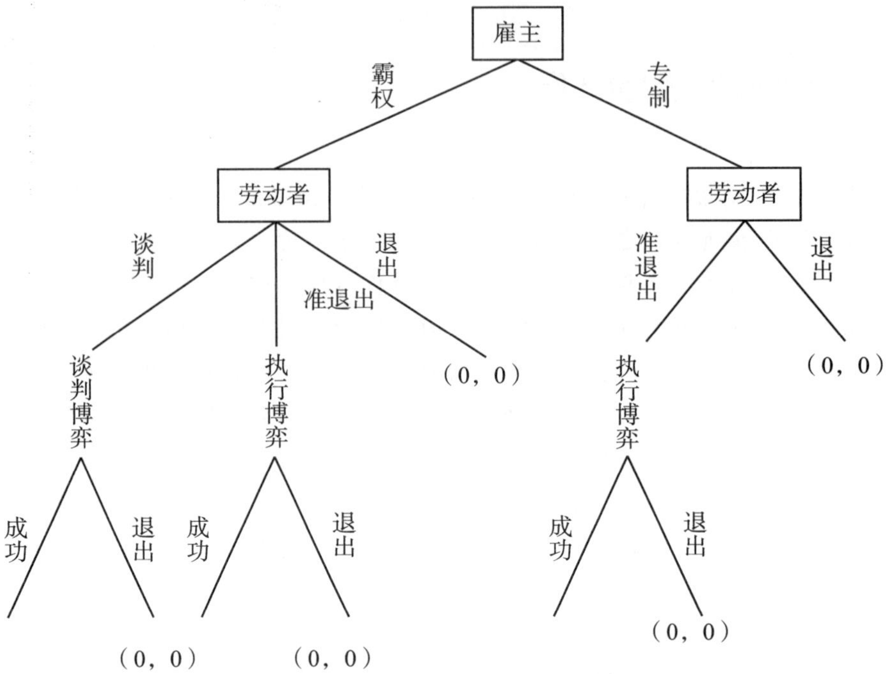

图1　劳动者与雇主的轮流讨价还价博弈

例如，劳动者对于自身的劳动力估价（保留工资）为3 000元，通过将劳动力的使用权让渡给认为更有价值的企业。雇主认为劳动者的劳动力的价值为10 000元，创造的价值由双方分享，各方的份额取决于劳动力的出售价格（即工资）。如果工资定价为6 500元，那么各方将享受到交易所创造的价值的均等份额，即3 500元。如果价格定位5 000元，该价值的分享不再均等，劳动者享受2/7，即2 000元，雇主则获得5/7，即5 000元。

因此，如果可能的话，谈判的结果将是在劳动力的价格上达成一致。在谈判过程中，各方可能会陈述事实、诉诸规范、威胁、诱骗等。这些都是在谈判中为了寻找双方可以合作的条件。各方能够谈判的事实是讨价还价博弈较之于其他博弈（所谓非合作博弈）的优点。如著名的囚犯困境。可是，即使谈判时可能的，也不能保证它会成功。剩余将按劳动力的价格所决定的比率在他们之间进行分割。对于工资有了一致意见标志着谈判的成功，而对于工资的意见不一表明谈判过程的失败。

二、考虑讨价还价的劳动者流动决策模型

劳动者为什么同雇主合作，也就是说劳动者问什么要为企业打工？是因为彼此

之间的合作对于双方都是有利的，明确地讲，由于合作不仅使得劳动者所拥有的劳动力和企业所拥有的资本不再闲置，而且使得双方能够获得一个更大的份额，即获得合作剩余。

在雇主与劳动者进行讨价还价谈判博弈时，每一方都会意料到谈判应该存在不顺利的因素，即由于种种意料之外的原因会导致谈判破裂，例如，谈判破裂的可能原因是时间过长而导致双方对于谈判厌烦。这种行为是随机的，从这种意义上讲，企业与劳动者为此离开谈判桌的确切时间是随机的。破裂风险存在的另一个原因是第三方的介入，造成原本存在于两个参与者之间的合作利益相对变小了。例如，当企业与劳动者正在就合作剩余讨价还价时，企业发现另一名更适合企业需要的劳动者，从而使得与第一个劳动者的合作就不是最优的选择。当然还有其他原因，比如信息不透明或者由于误解而导致双方的谈判不可能达成。

在此，提出雇主和劳动者之间谈判过程的一个序贯博弈模型，即基于雇主和劳动者之间进行讨价还价的劳动者流动决策模型。这一模型是在劳动者与雇主的讨价还价模型的基础之上加以完善建立的，该模型实际上分成两个阶段：首先，明确在其他条件保持不变的前提下雇主和劳动者的谈判过程以及相应的博弈规则；其次，讨论劳动者选择策略的条件，主要是从劳动者与雇主各方的成本收益结构上进行考虑。

（一）雇主的第一步：强制与专制模式间的选择

在图 1 中，雇主首先在强制与专制之间选择其一。这两种模式的选择可以为劳动者的选择提供可能的选择策略集合。在布若威的生产政体理论中，劳动者在面对雇主的要求时可以选择强制也可以选择同意，强制是指劳动者在没有其他选择的情况下只能同意雇主的要求，即使劳动者对工作是不满的，而专制与霸权是雇主管理支配劳动者的手段，但是两种手段不是截然分开的，任何劳动政体都是强制与同意的结合，而且是以一种为主导。对于劳动者而言，当雇主采取专制政体时劳动者就被强制，而较少能够进行讨价还价；当雇主采取霸权政体时同意就会在劳动者的选择中占据主导地位。

从博弈论的角度上讲，专制或霸权的选择可以解释为雇主向劳动者发送其可信性承诺或威胁的信号。在专制体制下，雇主通过高度压力的形式促使劳动者接受企业的安排和各种形式的规章制度，并且雇主会以各种方式保证规章制度的执行，从而保证雇主的要求是要必须无条件执行的。而选择霸权体系，则雇主通过员工参与等措施提升员工的工作积极性与主动性，从而将外在的惩罚与威胁转变为劳动者内在的选择和动力。

在图 1 的分析模式中，雇主首先采取行动，反映了现实中的雇主是占有主动的一方。在雇主和劳动者的讨价还价中，雇主在选择和影响谈判过程的博弈中有着主动权。对于劳动者而言，则是被动选择的一方，在雇主首先进行选择后，劳动者才能在随后进行相应的策略选择。

（二）劳动者的反应：三种类型的应对策略和相应的谈判博弈

先是雇主选择采取管理策略，然后劳动者会根据雇主的选择做出反应，也就是说劳动者在其能选择的范围内选择对自己最有利的策略。

第一种类型：以正式权威为基础的或非正式社会关系为基础的谈判。在劳动力市场上劳动者与雇主是平等的主体，但是进入企业后存在着严格的科层等级关系，而且有着正式的信息沟通渠道，如劳动者可以以正式文本形式向雇主提出请示或请求，而雇主随后会有针对性地通过批示、发文等正式交流渠道加以反馈。

上述正式谈判博弈存在一个十分明显的缺点，尤其是劳动者本身的谈判能力很弱时，该博弈大多是一次性博弈。因为这种正式请求的结果无非就是两种，要么是成功，要么是失败，即只要雇主做出反应，该博弈就结束。因此这种正式谈判博弈对于弱势的劳动者来讲是不利的。为了增加谈判的成功率，劳动者就会在非正式场合进行谈判，从而使得即使被拒绝也有机会再度提出自己的要求或修改自己的要求。也就是说，参与者双方采取轮流出价的多轮博弈过程。从而通过信息与策略的多次修订，劳动者可以提高自身的谈判能力，也使得结果对于双方来讲都变得可以接受。这一场景更多的发生在非正式场合，如在餐桌上、娱乐聚会或家庭访问等，双方可以在非正式互动的过程进行讨价还价的博弈，这种非正式的谈判博弈减轻了雇主所面临的压力，可以多次提出自己的请求或请求进行反复修改后再提出，给双方提供了更多的机会，增强了劳动者自身的谈判能力。

第二种类型："准退出"选择。一般在谈判博弈中，退出都是劳动者的自由选择，而且退出在许多情况下会对谈判博弈的谈判过程和结果有着很大的影响。其实对于劳动者来讲，退出是最后的，也是最有力的手段，但不是唯一可以施加压力的手段，尤其是在退出对于雇主和劳动者来讲存在成本的前提下，"准退出"就成了除了退出之外的另一个有力的施加压力的手段。

"准退出"是指劳动者面对雇主的压力，无法通过谈判来进行讨价还价达成新的协议时，劳动者只能被迫接受雇主的要求。但是需要注意的是，劳动者选择接受雇主的要求并不代表劳动者会执行。作为一个有着自己需求的劳动者会有选择性的执行雇主的要求，也就是说劳动者会执行经过私自调整的雇主的命令，例如劳动者可以进行怠工，即指用消极的方法不认真工作，以不完成工作来对抗管理。甚至歪曲和操纵雇主的指令，给雇主造成严重的损害。因此，"准退出"策略是劳动者对雇主发出的信号，它给了劳动者一种新的选择，从而也迫使雇主不得不也要进行重新选择。对于劳动者来说，"准退出"的谈判策略是作为弱势一方的反抗手段，是类似于斯科特提出的"弱者的武器"。这种策略给雇主造成了一定程度的损害，而雇主预期到这类型模式的后果，即使雇主不愿意让步，面对可能会有的损失，也不得不进行重新应对。

第三种类型：正式退出。自由也是劳动力市场的主要特征之一，即劳动者和雇主都拥有随时进入和退出的自由。对于雇主拥有与任一劳动者签约的权力，也拥有随时与劳动者解除合同的权力，对于劳动者来讲也是同样如此。但是在实践中，劳动者的这种退出是有限制的，主要是由于退出成本的存在，一方面丧失了在原单位的人际资源和经济利益，经济成本和心理成本有时甚至是巨大的；另一方面则是由于寻找新的工作并非轻而易举，需要花费大量的时间和金钱。因此退出战略对于劳动者来讲一般是最后的手段，是在正式或非正式的谈判无效，而且是在进行消极的抵抗不见效果之后的一种无奈选择。但是从另一方面来讲，劳动者的退出是劳动者与雇主谈判时的最有利的武器，也就是一般我们讲的"用脚投票"，它能够给雇主施加最大的压力，因为劳动者的退出意味着非人力资本生产要素和劳动力这种生产要素的结合有了困难。但是需要注意的是劳动者的退出能够施加压力的前提是劳动者联合起来或者劳动者本身具有不可替代的作用，否则劳动者的退出只能是劳动者的一种无奈选择。

三、小结

劳动者的离职行为首先应该看成是劳动者与雇主双方之间的讨价还价谈判的结果，这种结果的达成受到多方面的影响。首先是受到双方的自身特征的影响，如劳动者的保留工资、公平感等；其次就是双方所处的生产过程本身特点，如雇主本身所采取的专制或霸权的生产政体形式也会影响到双方的讨价还价；从更大的方面讲，国家政策、劳动力市场也会通过生产政体影响到双方。因此劳动者与雇主的劳动契约的达成与劳动者与雇主双方采取的以及他们所处的环境安排有着密不可分的关系。

雇主与劳动者进行讨价还价谈判博弈是就双方都关心的条件或要求进行协商与谈判，在本质上是双方的合作利益的分割和分配。在谈判过程中，雇主一方会首先行动选择自己是采取强硬的强制措施还是采取霸权形式的怀柔政策，其次是劳动者会根据雇主的选择来选择对自己有利的策略。于是在此基础上提出了雇主和劳动者之间的序贯博弈谈判模型，即基于雇主和劳动者之间进行讨价还价的劳动者流动决策模型。这一模型是在劳动者与雇主的讨价还价模型的基础之上加以完善的，分析指出企业剩余的分享是影响到劳动者离职决策的重要因素，因为企业剩余的分享比例是雇主与劳动者双方经过讨价还价才能确定的，反映了双方的谈判实力以及相应的政治、经济、市场环境等。同时劳动者失利的后果主要体现为退出，即如果劳动者不能通过谈判获得相对应的剩余比例，那么劳动者就会通过"用脚投票"的方式来表达。

参考文献

1. 杨瑞龙、周业安:《一个关于企业所有权安排的规范性分析框架及其理论含义——兼评张维迎、周其仁及崔之元的一些观点》, 载于《经济研究》1997 年第 1 期。

2. Holmstrom, B. R. , and Tirole, J. , "The Theory of the Firm", in R. Schmalensee and R. D. Willig, eds. , Handbook of Industrial Organization, Volume I, Elsevier Science Publisher B. V. , 1989.

3. Putterman, L. , "The Economic Nature of the Firm: Overview", in L, Putterman, ed. , The Economic Nature of the Firm, Cambridge University Press, 1986.

4. Scott James C. , "Weapons of the Weak: Everyday Forms of Peasant Resistance", NewHavenand London: Yale University Press, 1985.

A Game Analysis Framework of Employee Turnover Decision

Tian Hui

Abstract: The influence of employee turnover behavior between workers and employers will first be parties to the characteristics. Such as workers' reservation wages, a sense of fairness the second is the production process of the characteristics, such as the employer itself taken by authoritarian or hegemony production regime will also affect the bargaining; from the larger perspective, the national policy. Labor market will affect both sides through production regime. On this basis, this paper puts forward a model of labor mobility decision based on bargaining between the employer and the worker. Through the research and analysis, it is concluded that the remaining share is an important factor that affects the decision making of employee turnover, which reflects the negotiation strength of both parties and the corresponding political, economic and market conditions. At the same time, the consequences of labor negotiations are mainly reflected in the outcome of the withdrawal, that is, if the labor can not be negotiated by negotiating the remaining proportion, then the workers will be through the use of foot vote to express.

Key words: *labor flow decision bargaining*

民营中小企业成功转型的案例分析

戈黎华　何　婵　李　纳*

摘　要：我国民营中小企业发展迅速并且成为国民经济中最活跃的部分，随着经济新常态的出现，转变经济结构成为各类市场主体面对的必选项，顺应还是回避转型升级已经事关民营中小企业的生死存亡。本文通过凯歌科技产业有限公司成功转型的案例分析，力图归纳出对我国民营中小企业转型升级有普遍意义的观点，为更多民营中小企业的转型升级提供借鉴。

关键词：经济新常态　民营中小企业　转型升级　案例研究

一、引言

中国民营中小企业的逐步壮大得益于20世纪70年代以来的改革开放。随着改革开放的推进，许多民营中小企业迅速成长并在原材料、工业品、消费品、加工定制、服务业、贸易等方面取得了极大的成功，为中国经济做出了不可忽视的贡献。至2014年底，我国民营中小企业对经济的贡献接近60%。但是，随着国际国内经济形势的变化，尤其是2008年金融危机以来，中国经济增长模式与经济结构的内在矛盾愈发明显，大部分民营中小企业赖以生存的传统发展模式已经难以为继，顺应经济大势实现发展模式的转型升级成为民营中小企业的当务之急。本文将分析一个民营中小企业转型发展的案例，力图对我国民营中小企业的转型升级提供有益启示。

（一）民营中小企业转型升级的背景

近年来，“经济新常态”“经济结构调整”“供给侧结构改革”构成中国民营中小企业转型升级的大背景。过去30年的发展中，尽管“出口导向”“投资驱动”的作用远远超出“消费拉动”的贡献，但是，中国经济还是保持了高速、持续的增长。随着生产成本不断上升，资本边际效率下降，产品供需错配等原因，作为中

* 戈黎华，天津外国语大学国际商学院，副教授，E-mail：422806710@ qq. com；何婵、李纳，天津外国语大学国际商学院，E-mail：2496489914@ qq. com。

国经济发展主要动力的这“三驾马车”，对经济贡献的优势已不再明显。

过去带来高速增长的经济增长模式不仅不可持续，还导致了产能过剩和库存大量增加。就目前而言，只有顺应“供给侧”改革的趋势，大力推动结构性改革，让中国经济转换经济增长的动力才能获得持续的、健康的发展。“供给侧结构性改革”的判断准确地抓住了中国经济运行的主要矛盾，对民营中小企业也提出了新的要求。民营中小企业作为占据中国经济总量半壁江山的中流砥柱，面对供给侧改革的要求，急需改变传统发展模式，创新发展、转型升级，获得新生。

（二）文献综述

无论是从“经济新常态”还是“供给侧结构性改革”的角度，对民营中小企业转型升级的相关研究并不多，尤其是针对民营中小企业转型的具体案例分析比较少。在民营中小企业转型升级的方向性研究方面，张波（2010）从民营中小企业自身的战略选择、科技创新、人才发展、管理运营和品牌建设以及政府和社会角度，提出了一系列民营中小企业转型升级的对策；周贵川（2006）从体制转型、技术转型、管理创新等微观企业层面分析了西部中小企业转型升级的问题。关于民营中小企业转型升级案例研究方面，周文辉（2015）从业务内容角度对泰嘉新材、正忠科技、怡清源三家企业转型进行了分析，这三家企业分别代表了从加工贸易向技术创新转型、从卖产品到卖服务解决方案转型、从产品销售向品牌营销转型，对制造业中的民营中小企业成功转型的路径进行了详细分析。本文给出的案例分析既是对现有学者观点的部分印证，也是对案例研究的有益补充。

二、我国民营中小企业的发展特点及困境

相对于国有企业而言，民营中小企业的市场灵活度更高，对就业的推动力更强。我国民营中小企业走过了独特的发展历程，具有鲜明的自身特点，今天又面临新的发展困境。

（一）我国民营中小企业的发展

我国中小企业经历了三个发展时期：“大跃进”时期、“文革”时期以及改革开放以后。在前两次以重工业为主的工业化进程失败的教训下，改革开放后，我国工业化开始由“重”向“轻”进行战略转变，走上了正确的道路。在“轻工业六优先”的政策引导下，农业实行承包制和允许农民经商办企业过程中，迎来了以“乡镇企业”异军突起为代表的中小企业的第三次大发展。此后，我国中小企业发

展迅速，一直在我国国民经济中发挥着其重要的推动作用。目前我国中小企业主要以私营企业和个体工商户为主，所以私营企业和个体工商户的经营状况基本反映了民营中小企业的生存状况。

1. 私营企业

2014 年底，全国私营企业实有 1 546. 37 万户，比 2009 年底增加 806. 22 万户，平均增长 15. 94%，如表 1 所示。

表 1　　全国私营企业户数发展情况　　单位：万户

年份	私营企业户数
2009	740. 15
2010	845. 52
2011	976. 68
2012	1 085. 71
2013	1 253. 90
2014	1 546. 37

资料来源：国家统计局。

2. 个体工商户

2014 年底，我国个体工商户实有数量达 4 984. 06 万户，比 2009 年底增加 1 786. 69 万户，平均增长 9. 29%，如表 2 所示。

表 2　　全国个体工商户户数情况　　单位：万户

类型 年份	城镇个体工商户数	农村个体工商户数	个体工商户数总数
2009	2 081. 90	1 115. 47	3 197. 37
2010	2 266. 60	1 186. 29	3 452. 89
2011	2 471. 30	1 285. 17	3 756. 47
2012	2 673. 86	1 385. 42	4 059. 28
2013	2 900. 88	1 532. 42	4 436. 30
2014	3 251. 64	1 729. 42	4 984. 06

资料来源：国家统计局。

民营中小企业的快速发展很大程度上得益于政府政策的支持。目前，政府针对民营中小企业的发展出台了诸如税收优惠政策，专项资金支持，积极推动创业板上市以及商事制度改革等一系列扶持政策。我国民营中小企业发展迅速，根据国家统计局统计，到2014年，我国民营中小企业户数已经达6 530.43万户。

（二）我国民营中小企业的行业结构

我国民营中小企业所属行业涵盖面广，主要包括原材料、工业品、消费品、加工定制、服务业、专业服务业、贸易等（见表3）。从图1可以看出，在这些行业中，除了加工订制和一些其他行业占市场份额较少外，其余行业分布相对平均：其中工业品23%份额最多，消费品11%相对最少，但是这些行业大多数不需要技术含量，只是单纯的贴牌生产。

表3　　民营中小企业各行业划分以及细分市场

分类	细　　分
原材料	包括冶金矿产、橡胶、精细化学品、化工、纺织、农业、建材、能源等
工业品	包括通用机械、行业设备、五金工具、电工电器、电子元器件、仪器仪表、汽摩、安防、照明、环保、医药医疗器械等
消费品	包括快速消费品、服装服饰、家具等
加工定制	包括机加工、电子加工、印刷、模具、包装等
服务业	包括餐饮、酒店、文体娱乐、交通运输、仓储物流、居民服务等
专业服务业	包括IT、金融、商业服务（咨询、法律服务、广告）、教育等
贸易	包括批发、零售等
其他	其他

资料来源：易中公司2014年中小企业经营管理调查报告。

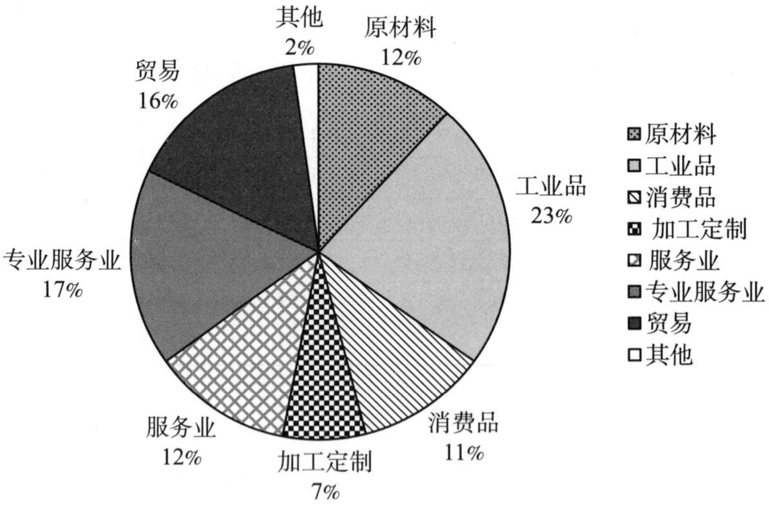

图1　各行业所占份额

资料来源：易中公司2014年中小企业经营管理调查报告。

从行业分类来看，我国民营中小企业主要分布在制造业、服务业等劳动密集型行业，这些行业的技术水平并不高。目前，由于投资规模的限制，绝大多数民营中小企业还不具备实力进入水利、电力、移动通信、石油等领域，这些行业仍然是以国家控股为主。同时，由于政府管制以及政企不分，民营中小企业难以进入这些垄断行业的延伸配套服务领域，我国民营中小企业准入在许多行业仍然存在着较高的进入壁垒。

（三）我国民营中小企业在国民经济中的地位

我国民营中小企业在经济总量中占比较高，社会贡献突出，已经成为推动社会经济发展不可或缺的力量。近年来民营中小企业迅速发展，它增强经济内生动力发展的作用不“小”，在社会发展中的地位也不“微”。如表 4 所示，私营企业在内资企业中占很大比重，其利润总额占据我国内资企业利润总额的 45.66%。这充分说明了我国民营中小企业经济总量对社会的贡献程度很高。

表 4　2014 年按登记注册类型划分企业主要指标　单位：亿元

项目	企业数	资产总计	主营业务收入	利润总额	从业人员（人）
国有企业	3 450	66 955	49 586	2 708	397 941
集体企业	3 133	5 285	7 668	541	43 059
股份合作企业	1 222	1 267	1 584	118	7 095
联营企业	169	329	396	21	2 796
有限责任公司	88 964	343 743	314 614	17 021	1 571 993
股份有限公司	10 475	125 744	105 261	7 413	1 411 718
私营企业	213 789	213 114	372 176	23 550	1 668 400
其他企业	1 514	2 178	3 108	206	18 625
内资企业总计	322 716	758 615	854 402	51 578	4 243 835

资料来源：2015 年中国统计年鉴。

民营中小企业基于越来越庞大的数量以及敏锐的市场洞察力，对我国经济发展和经济总量都作出了不可忽视的贡献。此外，从表 4 从业人员数据可以看出中小企业还吸纳了大量就业，成为扩大就业的主力军。在现今经济形势下行、就业形势严峻的情况下，民营中小企业作为改善此状况的主角之一，社会应该从多方面进行扶持，使得民营中小企业能够在中国经济结构调整的过程中继续发挥其重要作用。

（四）我国民营中小企业目前面临的发展困境

在 2013 年以来的经济新常态背景下，我国民营中小企业的生存发展环境遭遇寒冬。尤其以县域经济中的民营中小企业为典型，大部分民营中小企业经营举步维艰。主要的困境表现在以下几个方面：

1. 创新能力差

（1）营业额中新产品贡献率较低。新产品开发是企业生存和发展的根本保证，一个企业新产品带来的收入最好不要低于 20%，但是目前大约只有 20% 的民营中小企业能够做到这一点，同时有近四成企业（36%）表示，其新产品带来的收入不足 6%。这说明，中小企业的新产品开发和推广工作仍然面临不小的挑战，如图 2 所示。

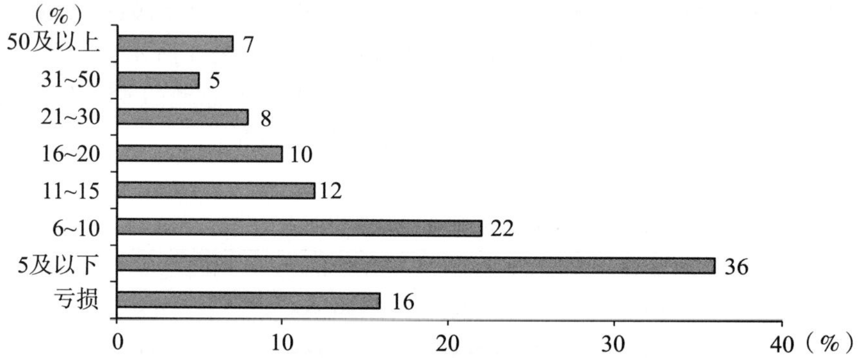

图 2　新产品营业额贡献率

资料来源：易中公司 2014 年中小企业经营管理调查报告。

目前，民营中小企业主要进行四个方面的创新：管理方法改进、开发新产品、服务改进和业务模式转变，相对于质量控制改进和技术、工艺改进来说，这四类创新更被重视。改造老产品和开发新产品对企业发展非常重要，在资源有限的情况下，企业可以进行一些微创新或微升级，这样可以起到事半功倍的效果。

（2）研发技术人员少。我国民营中小企业在研发技术人员占比上出现了两极分化：图 3 中显示 21% 的企业根本没有研发技术人员；同时也有 10% 的企业表示，其研发技术人员占比在 25% 以上，这与所属行业的业务特点有关。但是，即便是有研发技术人员投入的民营中小企业，其投入力度也不大，有 32% 企业的研发技术人员占比仅为 5% 及以下。总体来说，民营中小企业受制于自己的实力，虽然认为创新非常重要，但在研发技术人员上的投入还比较少。

（3）研发支出少。与在研发技术人员上投入不足一样，我国民营中小企业在研发支出上的投入，也很有限。图 4 中显示有 35% 的企业甚至表示自己没有投入任何研发经费。即便是有研发支出的民营中小企业，其投入的资金比例也过低：有 37% 的企业在研发上的经费支出不足营业额的 5%，而能够将 15% 的营业额投入到研发的企业仅占 7%。

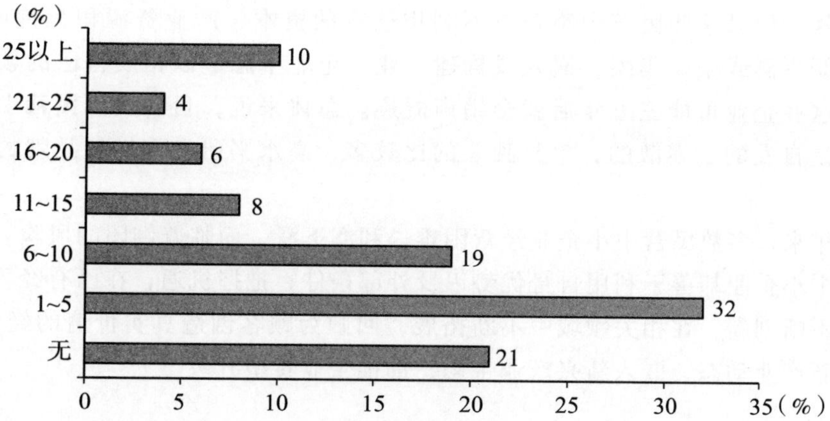

图3　研发技术人员占比

资料来源：易中公司2014年中小企业经营管理调查报告。

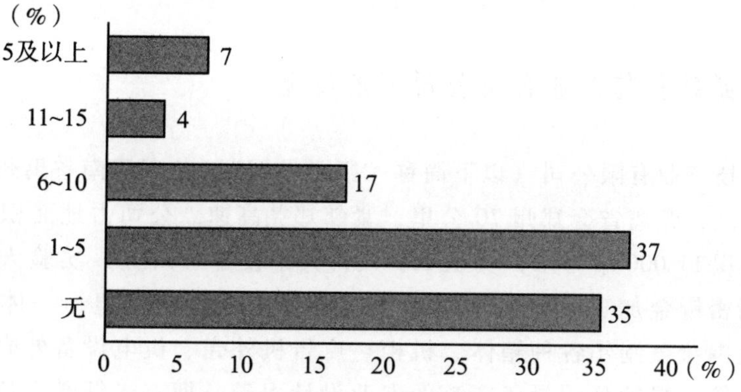

图4　研发支出占销售额的比例

资料来源：易中公司2014年中小企业经营管理调查报告。

2. 供需结构错位

随着中国市场经济的发展，中国的消费者也在成长。但是，我国企业似乎越来越抓不准消费者的心，尤其是对市场反应更加灵敏的民营中小企业。目前来看，市场和消费者已经发生了巨大的变化，特别是年轻的消费者，需要更能打动他们的是从市场营销到产品内核更加个性化的产品。消费者的品牌忠诚度已不复过往，他们使用品牌，却不依赖品牌。但是，企业鲜少能重视到消费者的真实需求，导致供需错位，消费者流向国外。

3. 单打独斗现象严重

我国民营中小企业的产品同质化严重，盗版率较高。很多科技企业刚发布出一个新产品，竞争对手大约3个月后就能生产出同样的产品，导致整个行业利润率的下降。如果这些民营中小企业不利用已有的资本、产业资源积累抱团发展，构建创新集群或企业集团，嵌入或构建产业、企业生态链以拓展自己的领域和产品线，这些企业可能三五年后就会销声匿迹。总体来说，目前我国民营中小企业大多数是自发的、零散的，单打独斗的比较多，高水平研发和知名品牌的创建都还不够。

近年来，多数民营中小企业经营困难、利润下滑，面临着倒闭的风险。但是有的民营中小企业却善于利用自身优势以及外部条件、把握机遇，在已有经营范围的基础上不断创新，在相关领域中不断拓展，回归为顾客创造真实价值的经营理念，把握最新产业动态，嵌入新兴产业生态，助推企业转型升级。

三、案例分析：凯歌科技产业有限公司的成功转型

（一）凯歌科技产业有限公司发展简况

凯歌科技产业有限公司（以下简称“凯歌公司”）位于河南省禹州市产业集聚区东产业园区，距离省会郑州 70 公里，紧邻郑尧高速。公司占地面积 26 600 平方米，厂房面积 11 000 平方米，员工 110 人，其中设计、研究、实验人员 20 多人，是一家以精密钣金加工、金属外壳制作、金属壳体静电喷塑为一体的现代化企业。业务范围覆盖制作各种箱体、机柜、广告机外壳、机电设备外壳、光纤数字柜、电器柜等。凯歌公司具备一流的专业设计力量，拥有光纤激光切割机、台励福数控转塔冲床、数控折弯机、数控剪板机等先进设备及一流的专业技术员工和设计工程师，可依据客户的要求，按照目前国际最先进的设计方法设计并精密制作生产。

凯歌公司的母公司是已在禹州广告领域涉足二十多年的宏业广告公司。随着业务的发展，凯歌公司于 2007 年在上海成立了异地的广告公司——上海思珂润机电有限公司，经营范围包括设计、制作、代理、发布各类广告，制作生产广告显示设备和各种数字标牌等。在广告业务经营中，凯歌公司发现传统的横幅、牌子、张贴海报等的传统广告模式具有物力人力成本高、不符合环保理念等特点，越来越不具有竞争力。于是，另一家子公司——上海申跃数码科技有限公司于 2009 年正式成立，主要从事信息发布软件及相关产品的开发，致力于促进传统广告业务中科技要素投入和科技能力的提升，谋求创新驱动发展。公司先后研发了包括 LED 电子广告屏在内的六项专利。LED 电子广告屏设置在业务需要量大的地方，可以用图片、音频、视频等多种方式播放广告，并且可以随时更换广告内容，很大程度降低成本。

凯歌公司成立于2014年，按照客户要求生产的普通箱体、机柜、广告机外壳、机电设备外壳、光纤数字柜、电器柜等产品，技术含量较低，这样的产业模式极易被模仿。现实中存在大量同类企业，竞争激烈，采用传统经营模式无法维持良好的生存。于是，凯歌公司发挥关联公司的科技实力，将科技要素与生产能力相衔接，大大提升了公司的市场竞争力。同时，长期对科技投入的重视支持公司快速转型升级，在现今民营中小企业经营局面普遍举步维艰的形势下一枝独秀。其中，凯歌公司在与南京魔格信息科技有限公司（以下简称“魔格公司”）的“智能快递物流柜”合作中，这些优势得以充分展现。

（二）参与社区物流电子商务完整产业链打造

凯歌公司依托长期在广告行业中的优势和制造的优势，拓展与电子商务产业能够密切结合的业务领域，成功进入社区物流电子商务产业链，并参与到电子商务产业生态体系的构建中。

1. 凭借智能物流快递柜进入社区物流电子商务产业链

随着中国电商包裹量的剧增，快递收发已成为写字楼或小区居民日常高频的硬需求之一。以社区为例，物流业末端100米带给居民小区诸多问题，主要表现在三个方面，一是人员成本高，快递员经常遇到和用户时间不一致以及上下楼丢件等问题造成递送效率低。二是一些安全隐患，比如冒充快递员骗开门。三是快递由物业暂时保管造成物业管理成本提高等。因其背后所关联的不管是社区O2O，还是社区媒体广告、缴费、生鲜电商等其他新兴商业领域都是亿万级别的市场，社区物流服务箭在弦上，全新商业模式悄然孕育。目前顺丰、京东等行业大佬，纷纷发力智能快递物流柜项目，力争在社区物流末端提供最有效的解决方案。

智能物流快递柜是提升快递员最后100米配送效率的智能设备，安放在居民小区或写字楼里，在收货人无法收货时，快递员将包裹放入柜中，收货人将会收到一条包含提取码的短信，输入提取码即可开柜取走自己的包裹。作为无人自助提货设备的智能物流快递柜兼具社区便民缴费、广告投放、社区电商展示终端等多项功能。凯歌公司与专注于社区物流新业务的魔格公司达成合作，为其提供智能物流快递柜。魔格公司是由云峰基金投资①的社区物流公司，并且是菜鸟物流版图中的组成部分。凯歌公司按照魔格公司的要求和订单生产智能物流快递柜，并且由凯歌公司的研发团队对应快递柜的需要开发出配套的核心软件和应用系统，将带

① 云锋基金成立于2010年1月，是以阿里巴巴董事局主席马云和聚众传媒创始人虞锋的名字命名的，中国唯一由成功创业者、企业家和行业领袖共同发起创立的私募基金。

有核心软件的智能物流快递柜提供给魔格公司，由魔格公司进行快递物流柜的布局和运营。

2. 社区物流电子商务产业链的运营以及盈利模式

智能物流快递柜由魔格公司支付成本安装在各个社区，供各家物流公司的快递员和快件收货人无偿使用。主要盈利点：一是向快递公司收取使用费，平均一件5角左右；二是在柜体运用各种方式投放广告，如柜体张贴广告、媒体屏幕播放广告等，对广告商进行收费，大约一年2万~3万元的广告收入；三是基于快递柜的线下流量做社区电商。其中，为了扩大智能物流快递柜的市场推广，现在的主要收入为广告收费。

由此，与凯歌公司相关联的广告公司、魔格公司关联的聚宝网等原有的广告客户资源也可以被引入社区物流电子商务产业链中，降低了寻找广告客户的交易成本，支持了新型产业链的构建。由智能物流快递柜所串起的社区物流电子商务产业链把凯歌公司、魔格公司、广告客户、快递公司、快递收货人等嵌入这一闭合的产业链中，如图5所示。

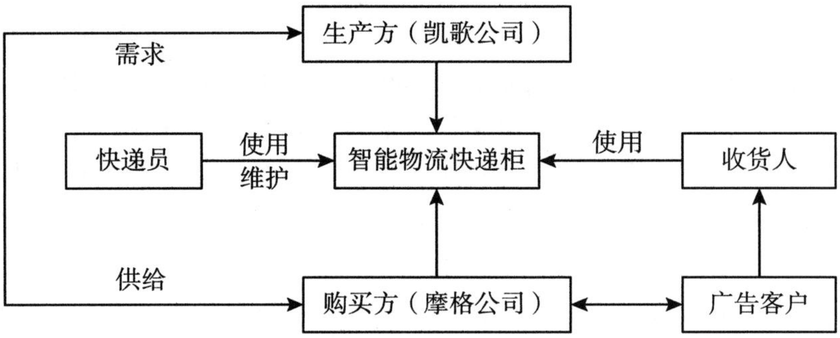

图5　社区物流电子商务产业链

注：双向箭头表示存在实际支付的供需关系，单向箭头表示没有发生实际支付的使用关系。

作为智能物流快递柜生产方的凯歌公司与作为购买方的魔格公司形成了存在实际支付的供需关系，魔格公司与广告客户也围绕智能物流快递柜柜面的广告业务形成存在实际支付的供需关系。快递员与快递收货人共同使用智能物流快递柜，快递员使用的同时负责对柜子的简单维护，快递收货人无偿使用；广告客户发布的广告又通过智能物流快递柜的柜体和显示终端面向大众传播。各个参与主体通过以上关系形成一个闭合的社区物流电子商务产业链，凯歌公司成功嵌入电子商务这个大的产业生态。对比其他从事单一的、低科技含量的民营中小企业，凯歌公司在中小企业严峻的生存状况下，注重科技投入、注重创新，一步步实现了自身的发展、业务的拓展和公司的转型升级，为企业可持续的发展奠定了坚实的基础。

（三）案例分析

1. 重视自主知识产权的掌握与积累

凯歌公司的母公司拥有自己的研发子公司，为柜体生产和广告公司的科技投入提供了科技支撑，获得了多达六项的与广告相关的授权专利。在广告行业中，通过广告介质的创新，适应了广告业新的发展需求，顺应了业务发展的趋势，并取得了自主的知识产权。多项专利为产品注入了科技的力量，从而提高产品在市场中的竞争力，并为之后进入全新的社区物流电子商务产业链提供了保障。

2. 精准生产为消费者提供真实价值

在凯歌公司转型升级案例中，一大亮点就是严格按照客户要求进行精准生产，一改传统生产销售中等客上门的经营模式。凯歌公司全部按照魔格公司的订单和需求生产和设计核心软件，没有库存，这样可以压低成本至最低。加之魔格公司作为专业的社区物流运营公司，能够获得顾客最真实的需求并重视客户的体验，强化了凯歌公司产品的客户良好体验。这样，凯歌公司作为产品的生产供应方，可以直接与顾客的真实需求相衔接。案例中的智能物流快递柜就作为一个无人自助提货设备，除了解决物流末端 100 米带给居民的诸多问题，在后期，还可兼顾社区便民缴费、广告植入投放、社区电商展示终端、物业管理等多种功能，确保了为消费者提供真实价值。

3. 依靠自主知识产权赢得核心竞争力

企业核心竞争力是指一个企业的核心能力，即最善于做什么、并做得最好，是一种创造性地将企业的各种资源、知识、能力、战略、管理等关键因素有机结合在一起不断融合、发展、衍生形成的企业组织学习和创新能力。核心竞争力具有独特性、难以模仿性、价值性、有机整合性等与众不同的优势。企业要不断培育并增强自己的知识、技术创新能力，拥有自主知识产权以加强核心竞争力，使整个公司的优势资源和产品围绕其核心竞争力形成一个整体。据此，企业便可以创造出超越其他竞争对手的独特的产品和服务等。总之，核心竞争力是企业在市场中保持竞争优势之源。

在凯歌公司与魔格公司智能物流快递柜的合作中，凯歌公司的胜出与其拥有自主知识产权的多项专利和核心软件开发能力有直接关系，区别于其他传统的柜体生产企业，也确保其成功嵌入社区物流电子商务这个新兴的产业链，使转型升级上升至新的台阶。

四、结论

改革开放以来，我国民营中小企业数量不断增加，经营规模不断壮大，实力不断增强，已经成为国民经济的主要组成部分。同时，由于拥有对市场的敏锐反应力与洞察力，民营中小企业在未来的经济结构转型升级中将担当重任。历史上，我国民营中小企业涵盖多个行业，但是这些行业大多数技术含量偏低，加之由于市场供需错配，消费需求、创新推动不足等原因导致经济发展缺乏动力，中小企业传统的生产经营方式已不再能够维持企业的良好生存和发展。我国民营中小企业如果能够抓住当今的历史机遇，实现涅槃重生，将会推动中国经济进入新的上升通道。总之，民营中小企业必须顺应这样的发展趋势，提前布局和谋划，重视科技投入，重视创新，多练内功，赢得核心竞争力、赢得与更强大企业合作的筹码。

参考文献

1. 鲍烨童：《供给侧改革，政府搭台子，企业是主角》，载于《中关村》2016 年第 1 期，第 95 ~ 97 页。

2. 丁文君：《发展中国家的知识产权保护与自主创新》，武汉大学博士论文，2014 年 5 月 1 日。

3. 黄永明：《全球价值链视角下中国纺织服装企业的升级路径选择》，载于《中国工业经济》2006 年第 5 期，第 56 ~ 63 页。

4. 刘承元：《谁会倒在供给侧改革的路上》，载于《企业管理》2016 年第 1 期，第 41 ~ 44 页。

5. 刘方：《我国中小企业发展状况与政策研究——新形势下中小企业转型升级问题研究》，载于《当代经济管理》2014 年第 2 期，第 9 ~ 18 页。

6. 罗雍：《中小企业转型升级的知识产权保护》，载于《魅力中国》2009 年 36 期，第 151 ~ 152 页。

7. 刘志彪：《全球化背景下中国制造业升级的路径与品牌战略》，载于《财经问题研究》2005 年第 5 期，第 25 ~ 31 页。

8. 沈海峰：《我国中小企业发展的瓶颈问题与对策分析》，华东师范大学硕士论文，2006 年 9 月 1 日。

9. 张波：《中小企业转型升级的策略研究》，载于《科技管理研究》2010 年第 12 期，第 147 ~ 149 页。

10. 周贵川：《西部传统中小企业的转型提升思考》，载于《贵州工业大学学报（社会科学版）》2006 年第 3 期，第 46 ~ 48 页。

11. 张勤：《论自主创新与自主知识产权》，载于《知识产权》2010 年第 6 期，第 5 ~ 17 页。

12. 周文辉：《瓶颈突破、行动学习与转型能力——基于三家内向型中小制造企业的转型案例研究》，载于《南开管理评论》2015 年第 2 期，第 73 ~ 82 页。

A Case Study of a Small and Medium-sized Private Company Which Transformed Successfully

Ge Lihua He Chan Li Na

Abstract: Over the past couple of years, the small and medium-sized private enterprises in China have developed rapidly and become the most active part of the national economy. With the emergence of China's New Normal, it is the essential option to transform the economic structure for all kinds of market entities, moreover, complying or avoiding transformation-and-upgrading has been highly related to the survival or being bankrupt of small and medium-sized private enterprises. In this paper, through the case study of KaiGe techonology industry limitied liability company which transformed successfully, trying best to summarize the points of view that are helpful for the transformation-and-upgrading of small and medium-sized private enterprises in China, and providing reference for the transformation-and-upgr ading of more small and medium-sized private enterprises.

Key words: *China's New Normal* *the Small and Medium-sized Private Company* *Transformation-and-upgrading* *Case Study*

山东省制造业人工成本变动及其影响研究

张　岩　罗润东*

摘　要：本文运用系统 GMM 模型，通过 1994～2013 年的分行业面板数据分别考察劳动密集型、资本及技术密集型行业中劳动生产率、利润率、人力资本对人工成本变动的影响程度。结果显示工资本身的贡献度远远大于其他变量，资本及技术密集型行业相对于劳动密集型行业表现出更高的工资黏性。劳动生产率的提高对平均工资的推动作用不明显，工资水平的增长长期落后于劳动生产率的增长。利润率对制造业总体工资水平的影响不明显，在劳动密集型行业中工资水平对利润率的敏感程度有所提高，在资本及技术密集型行业中利润侵蚀劳动者收入的状况仍未改变。人力资本水平对制造业各个行业工资水平的影响均不显著。随后选取人工成本、人均固定资本投入、技术水平及就业人数四个指标来探究人工成本变动对行业竞争力的影响。分析显示各行业人工成本的上涨对劳动生产率的提升均有很大的激励作用。从资本投入来看，人均资本存量的增加对制造业各行业的劳动生产率的影响都很显著。从技术水平来看，技术水平的变化对制造业总体和劳动密集型行业的劳动生产率影响程度较小。

关键词：人工成本　劳动生产率　制造业

一、引言

长期以来，我国制造业利用廉价劳动力的比较优势在国际竞争中占据了有利的位置。但其背后却隐藏着劳动者报酬总体偏低、收入分配结构不合理的问题。制造业雇员工资一直处于较低水平，职工工资占 GDP 比重在进入 20 世纪 90 年代以后开始持续下降，而与之形成鲜明对比的是，资本报酬占 GDP 的比重持续上升。2004 年长三角等沿海地区出现的大规模“用工荒”现象，暴露了农民工劳动报酬不合理、供需不平衡的问题。

随着人口老龄化时代的到来，中国的人口结构已经发生了重大变化，我国劳动力供求现状为总量剩余、结构短缺。随着劳动力供给趋于短缺、生活资料成本攀

* 张岩，山东大学（威海）商学院硕士研究生。E-mail：zhangyan901201@163.com。罗润东，山东大学劳动经济与人力资源研究中心教授。本文为山东省自然科学基金项目“老龄化背景下年长劳动力与年轻劳动力就业中的竞争性与互补性研究”（项目号：ZR2014GM004）阶段成果。

升、最低工资标准等制度的出台，人工成本呈现出迅速增长的态势。而人工成本的多重性又决定了成本增长带来的经济效应十分复杂：在微观层面，作为劳动者的收入，它直接反映劳动者报酬和福利水平，作为企业的成本，又影响到企业的经济效益；在宏观层面，它直接决定相关行业乃至国家的国际竞争力，同时对社会消费水平也有重要影响。人工成本的变动反映着不同主体之间的利益分配。竞争压力驱使企业压缩用工成本，从而抑制劳动者报酬的增长，使得收入分配结构倾斜于资本方。这不仅频繁地导致劳资冲突，还将抑制社会有效需求、人力资本投资，进而影响经济持续增长。从经济增长的内在要求来看，人工成本上涨是必然的趋势。在人工成本的决定机制中既有经济因素又有制度和社会因素发挥作用，前者如劳动生产率、物价和汇率等，后者如宏观调控、市场分割和人口年龄结构等。人工成本受哪些因素影响而表现出持续上涨的趋势？劳动力价格的上升究竟会不会降低我国制造业的行业竞争力？本文尝试通过探究影响人工成本变动的因素以及人工成本变动的经济效应，对上述问题做出阐释。

对于人工成本的影响因素研究一般从经济、市场、劳资关系、制度因素四个方面展开。经济因素包括劳动生产率、GDP、固定资产投资、外商直接投资、对外贸易、失业率、人力资本水平等。研究表明工资与劳动生产率、GDP、固定资产投资、物价水平、人力资本水平之间存在正相关关系，与失业率、对外贸易总额之间存在负相关关系（丁元，2007；黄桂田和尹志峰，2009；宋晶和李会敏，2014），也有研究指出工资与劳动生产率、失业率等联系不充分（宁光杰，2007；李红涛和党国英，2012）。随着市场失灵理论的产生，劳动者工资增长不能完全由经济性因素解释，研究重点转移到了市场、劳资关系因素及制度因素，诸如劳动力市场分割、劳动力流动、工会力量、集体工资议价、企业所有制性质、最低工资标准等（张车伟和薛欣欣，2008；李稻葵等，2009；李红涛和党国英，2012；余向华和陈雪娟，2012；马双等，2012；宋晶和李会敏，2014）。从人工成本变动的影响来看，多数学者认为人工成本上涨并未削弱我国制造业的竞争力，人工成本的上升对对外贸易、经济结构、收入分配制度都有着积极的推动作用。部分学者关于人工成本优势减弱的结论仅仅基于人工成本的绝对值变动。张本波（2008）、蔡昉（2010）指出人工成本的比较优势是由工资水平和劳动生产率共同决定的。都阳和曲玥（2009）采用单位劳动力成本（即人工成本/劳动生产率）这一指标度量出我国人工成本优势仍然存在。

人工成本对制造业产业结构升级的影响主要通过供给和需求两个方面产生作用，第一，作为劳动力要素的价格，人工成本水平决定了劳动力供给的变化，通过对劳动生产率的影响推动产业结构的升级。高工资可以稳定企业的雇佣关系，有利于提高人力资本投资在内的企业投资效率。同时，高工资能激励员工努力工作，提高生产效率。而低工资水平会使我国经济陷入“低工资水平——低生产效率——低产业层次”的困境，从而出现产业结构调整滞后（李文博等，2010）。李平和宫旭红等（2010）、曾国华和王跃梅（2011）认为人工成本与劳动生产率存在显著正相关关系，高工资对工业企业的生产效率有正向强化作用。姚先国和曾国华（2012）还指出工资水平处于不同区间时对劳动生产率的影响完全不同，而目前我国人工成本正处于加速激励劳动生产率的区间。都阳等（2009）指出我国制造业工资水平的上涨伴随着劳动生产率的更快增长，应该深化劳动力的人力资本投入使产业结构不断升级。第二，人工成本的上升意味着消费者收入增加，消费能力有所提升，消费结构也发生变化，进而刺激企业投资、生产，引起产业结构变化。

20 世纪 70 年代以来，西方学术界关于工资决定理论的实证研究逐渐增多。这些研究可分为国际和国内因素两方面，国际因素有贸易自由化、对外直接投资、国际外包、汇率等，国内因素包括了集体协商、产业集聚、工作匹配度、技术进步、市场分割、劳动力转移、企业规模、制度安排。学者们主要从工资理论、工资增长以及工资增长的影响因素等层面对工资进行了研究，形成了较多较为成熟的理论体系。大量定性和定量的研究集中于劳动生产率、失业率、物价、汇率、人力资本投资、企业利润等经济性因素（Auld，1980；Blejer，1990；Budd and Nho，1997；Slichter，1950；Abe，2011）。在制度因素层面，国外学者更多从工会力量、劳动力流动、市场分割和歧视等视角来研究其对工资增长的影响，且在资本主义国家的研究结论较为一致。

山东省制造业以传统的劳动密集型产业为主，化工、食品、纺织服装、电子信息及家电、机械设备为支柱产业，新能源、高端装备制造等新兴产业发展滞后，产业结构调整压力较大，同时山东省是全国第一老年人口大省，早在 1994 年山东省就进入人口老龄化社会。严峻的人口老龄化趋势和持续上涨的工资，使得以往丰富而廉价劳动力的比较优势开始减弱。本文以山东省为例，从人工成本的变动、劳动力市场的供求变化角度分析劳动力要素对制造业的产业结构升级会产生何种影响。重点考察劳动生产率、利润率、人力资本对人工成本变动的影响程度，并通过制造业内部细分行业的数据来比较分析各个因素对不同行业的影响有何差异。随后从人工成本的上涨趋势出发，对人工成本变动的影响进行了细致的考察，旨在通过分析人工成本的变动探析制造业内部各行业的竞争力。

二、山东省人工成本变动现状

（一）人口老龄化对劳动力市场带来的挑战

1. 山东省人口老龄化现状及特征

（1）老年人口基数大且增长速度快。人口老龄化是指 65 岁及以上的老年人口所占比重不断上升的过程，一般认为当一国60岁以上老年人口所占比重达10%，或65岁以上老年人口所占比重达到7%时，即进入老龄化社会。山东省是全国第二大人口省份，也是全国第一老年人口大省。早在1994年山东省就进入人口老龄化社会，60岁以上老年人口达到899万，占全省总人口的10.37%，是全国第六个进入老龄化的省份，比全国早5年进入人口老龄化社会。截至2014年底，全省60岁以上老年人口达1 800万，占全省人口总数的18%，远超国际上10%的标准。

（2）老龄化发展呈现阶段性特征。从人口年龄结构的变化来看，山东省人口老龄化表现出了明显的阶段性的特征。在1982年之前，老年人口所占比重上升得比较缓慢，基本保持在6%的水平以下。从1982～2000年，山东省进入人口老龄化加速上升的阶段，65岁及以上老年人口比重从1982年的5.6%上升至2000年的8.1%，平均每年增加0.13个百分点。这主要是因为计划生育政策导致人口出生率大幅度下降，少儿比重也大幅下降，在死亡率波动不大的情况下，老年人口所占比重有较大提高。2000年以后，山东省人口老龄化的速度提升至年均0.22个百分点，除了人口总和生育率处于更替水平以下，少儿比重持续降低的因素，人均生活水平的提高以及医疗条件的改善，使得人口预期寿命有了较大的延长，老年人口比重迅速提高。

（3）老年人口高龄化。老年人口中60～69岁为低龄老人，70～79岁为中龄老人，80岁以上为高龄老人。80岁及以上高龄老人所占比重常被用来衡量人口高龄化的程度。山东省80岁及以上高龄老人占60岁及以上人口的比重在1990年仅为8.73%，到2000年已经达10.21%，2010年第六次普查数据显示这一比例已经达12.89%，比全国的80岁及以上高龄老人占比高出1个百分点。因为超过70～79岁这一警戒线的高龄老人基本上都是需要被赡养的老年群体，老年人口高龄化将会增加劳动年龄人口的抚养压力。

（4）地区老龄化程度差异大。本文参照包玉香（2010）将山东省17个地级市分为东部与西部两大板块：东部地区包括济南、青岛、烟台、潍坊、威海、淄博、东营、日照8个地级市，西部地区包括临沂、枣庄、济宁、泰安、莱芜、德州、聊城、滨州、菏泽9个地级市。

地区老龄化程度差异的表现一是东部地区老龄化高于西部地区。从表1数据可以看出，截至2000年，除了东营仍处于成年型社会（65岁及以上人口占比介于4%～7%），山东省其余地级市均已进入老龄化社会。东西部地区比较结果显示，东部地区老龄化程度明显高于西部地区。东部地区65岁及以上人口所占比重平均比西部地区高出0.83个百分点，在东部沿海地区这一比例已高达9%，其中威海市的老龄化程度尤为严重，已经接近10%。由表2可见，全省65岁及以上人口所占比重已经由2000年的8.12%上升至2010年的9.84%。东部地区65岁及以上人口所占比重平均为10.29%，比西部地区高出0.78个百分点。从老龄化的发展速度来看，东西部地区基本一致，10年间平均每年增加0.25个百分点。从老年人口内部年龄结构来看，东部地区65岁及以上人口中80岁以上高龄人口所占比重高于西部地区，主要是因为东部地区经济发展水平较高、医疗卫生条件较好，使得老年人口的死亡率有所下降。

二是城市地区老龄化低于农村地区。从2000年65岁及以上人口所占比重来看，无论是东部地区还是西部地区，农村地区的老龄化程度明显高于城市，而且城乡间的差距仍在扩大。东部地区的城乡65岁及以上人口占比之差从2000年的3.9%上升至2010年的5.8%，西部地区也从2.8%上升至3.4%。人口老龄化城乡分布差异主要是由劳动年龄人口从乡村到城市的流动导致的。数据显示，迁移流动人口的年龄构成中15~64岁的人口所占比重高达80%，正是由于农村大量青壮年劳动力迁移到城镇，致使农村人口老龄化进程加快，老龄化程度高于城市。

表1　　2000年山东省东西部地区老龄化比较　　单位：%

东部地区				西部地区			
地区	65岁及以上人口占比	城市	乡村	地区	65岁及以上人口占比	城市	乡村
全省	8.12	6.56	9.06	临沂	7.81	5.90	8.54
济南	8.14	7.34	9.26	枣庄	7.23	6.00	7.95
青岛	9.36	8.09	11.04	济宁	7.62	6.16	8.37
烟台	8.96	5.91	10.78	聊城	7.62	5.53	8.26
威海	9.82	4.86	13.41	德州	7.32	5.38	7.97
东营	6.49	3.51	8.70	菏泽	7.81	5.72	8.22
日照	8.82	6.30	10.06	泰安	7.58	6.29	8.49
潍坊	8.59	6.80	9.63	莱芜	8.03	4.26	9.61
淄博	8.08	6.89	9.38	滨州	8.31	—	9.02
平均	8.53	6.25	10.15	平均	7.70	5.66	8.49

资料来源：《山东统计年鉴》《山东省人口普查资料》。

表2　　2010年山东省东西部地区老龄化比较　　单位：%

东部地区				西部地区			
地区	65岁及以上人口占比	城市	乡村	地区	65岁及以上人口占比	城市	乡村
全省	9.84	7.65	11.45	临沂	9.86	6.36	11.29
济南	9.15	7.67	11.54	枣庄	9.42	7.19	10.7
青岛	10.26	8.3	13.58	济宁	9.44	8.2	10.23

续表

东部地区				西部地区			
地区	65岁及以上人口占比	城市	乡村	地区	65岁及以上人口占比	城市	乡村
烟台	11.46	7.8	14.95	聊城	8.72	7.21	9.39
威海	12.07	6.75	17.97	德州	8.88	7.2	9.56
东营	8.91	6.83	11.59	菏泽	9.7	7.19	10.37
日照	10.32	6.04	12.81	泰安	9.58	7.76	10.65
潍坊	10.1	7.54	11.73	莱芜	10.17	7.15	12.59
淄博	10.02	8.63	12.18	滨州	9.8	7.24	11.08
平均	10.29	7.45	13.29	平均	9.51	7.28	10.65

资料来源：《山东统计年鉴》《山东省人口普查资料》。

（5）女性老龄化高于男性。2000年山东省60岁及以上男性老年人口占女性老年人口的88.62%，而80岁及以上男性老年人口仅占女性老年人口的57.33%。到2010年时，60岁及以上男性老年人口达女性老年人口的91%，80岁及以上男性老年人口占女性老年人口的63.8%。尽管男性老年人口的比重有所上升，但仍然低于女性老年人口，而且在高龄老年人口中这种差距尤其明显。造成人口老龄化性别差异的原因主要是男性死亡率明显高于女性，而且这种差距将随着平均预期寿命的延长愈发明显。

2. 人口老龄化原因

（1）超低生育水平。山东省人口增长经历了由"高出生、高死亡、低增长"到"高出生、低死亡、高增长"再到"低出生、低死亡、低增长"的转变历程。山东省已经进入了超低生育水平地区，也就是妇女平均生育1.5个以下子女。山东省生育率从1987年达23.35%之后，持续下降至1994年的9.69%，此后开始缓慢上升至1997年的11.28%，随后在11%的水平上保持平稳。少儿人口所占比重不断减少，从1982年的31%持续下降至2007年的15%后，开始缓慢回升，截至2013年达16.1%。计划生育政策导致的生育率下降是影响人口老龄化的根本性因素，低生育率下少儿人口所占比重下降，在死亡率变化不大的情况下，老年人口所占比重就会有所上升。

（2）平均预期寿命延长。65岁及以上的老年人口所占比重从1982年的5.6%持续上升至2009年的10.4%之后增速趋缓，至2013年已经达10.95%，如图1和图2所示。这一变化除了与少儿人口所占比重下降有关，还受预期寿命延长的影响。随着人均生活水平的提高以及医疗条件的改善，我国总体的寿命水平有了很大的提升。从全国范围来看，1990～2010年平均预期寿命从68.55岁上升至74.83

岁。山东省人口的平均预期寿命从1982年第三次人口普查时的69.2岁上升至2010年的76.5岁。

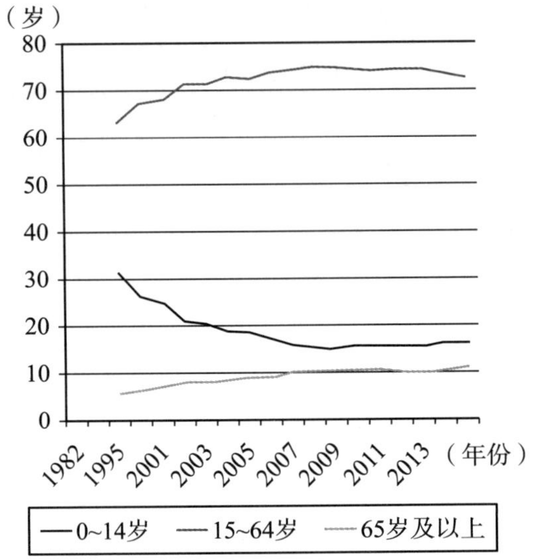

图1　山东省各年龄段人口所占比重

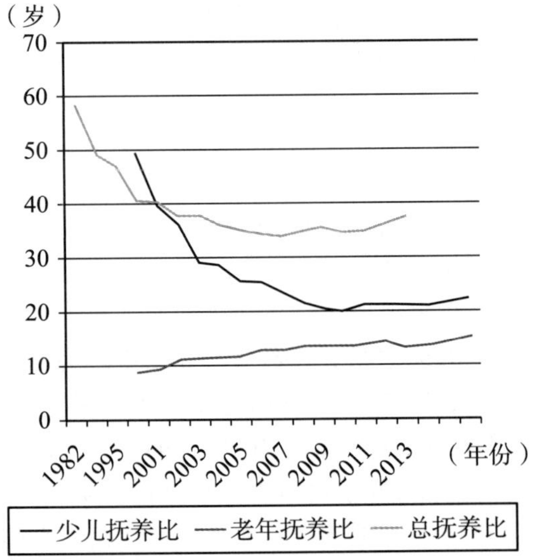

图2　山东省人口抚养比

3. 老龄化对未来劳动力供给的影响

有效的劳动力供给量取决于劳动年龄人口和劳动参与率。人口老龄化将导致劳动适龄人口数量减少。山东省劳动年龄人口所占比重从1982年的63.4%上升至

2007年的74.8%之后，一直保持在74%左右的水平。从2012年开始15~64岁人口所占比重比上年减少0.8个百分点，2013年又减少了0.6个百分点。劳动年龄人口的绝对数量的下降是在2013年，比上年减少了23万余人。

劳动参与率指标用经济活动人口（包括就业者和失业者）占劳动年龄人口的比率来衡量，劳动人口年龄结构变化等因素使得全省的劳动参与率从2000年的86.27%降至2010年的81.35%。在劳动参与率整体下降的趋势下，各个年龄组的劳动参与率表现出了不同的变动。2000年16~29岁年轻人口占16岁及以上劳动人口的比重为22.63%，2005年1%抽样调查时占比为21.55%。2010年这一比例降至18.22%，主要原因在于该年龄段劳动力的受教育年限有所增加，推迟了进入劳动力市场的时间。从山东省老年人口的劳动参与率来看，人口老龄化带来的老年人口数量增加的同时，也提高了劳动力市场上老年人口的参与比重。2000年16岁及以上的劳动人口中，60岁以上老年人口占6.61%，2005年1%抽样调查时占比为7.23%，而2010年时这一比重上升至9.2%。人口老龄化在引起劳动力供给数量减少的同时，还增加了劳动年龄人口的抚养压力。从抚养比的变化趋势可以看出，在2008年之前少儿抚养比持续下降的速度超过了老年抚养比，使得总抚养比呈现下降的趋势，从2008年开始少儿抚养比停止下降，总抚养比开始缓慢上升。

人口老龄化对未来劳动力供给的影响虽然在短期内并不明显，但随着老龄化程度的深化，就不仅仅表现在供给数量的削减，还将影响劳动力供给的内部结构。老龄化提高了劳动年龄人口中高年龄组人口所占比重。山东省45岁以上的劳动力人口所占比重从1990年的22.91%上升至2000年的29.23%，再至2010年的36%。由劳动力老化的趋势来看，45岁以上的中老年劳动力人口将成为未来劳动力资源的主要组成部分，对于并非以技术密集型产业为主的山东省制造业而言，中老年劳动人口的比例增加意味着对劳动生产效率的不利影响较大。

（二）制造业总体及分行业人工成本概况

作为劳动密集型企业最为集中的产业部门，制造业中人工成本的变化对产品总成本的影响最为显著，因而制造业对于人工成本的变动也最为敏感。在劳动力由无限供给转为有限短缺的过程中，劳动力供给弹性随之下降，进而推动工资上涨。基于此，本文选取山东省制造业数据来集中分析人工成本近十几年的变动情况。

1. 人工成本变动趋势及特征

人工成本是指企业在从事生产经营活动中因雇佣劳动力发生的全部费用，由从业人员劳动报酬、社会保险费、福利费、教育费、劳动保护费、住房费和其他人工成本组成。鉴于我国现行劳动统计体系缺乏完整的人工成本核算数据，而且目前我国的社会保障水平比较低，劳动报酬作为人工成本的主体部分，具有较大的代表性，劳动报酬水平及其变化对人工成本有着决定性的影响。此外考虑到数据的可获取性，各细分行业采用城镇单位从业人员劳动报酬来度量人工成本。由于规模以上工业企业的产值占到工业总产值的90%以上，本文选取制造业规模以上工业的工业增加值和全部从业人员年平均数，与从业人员的劳动收入相对应的是平均劳动报酬，因而将其作为人工成本的衡量指标。但是早些年间制造业细分行业只提供平均工资数据，经过比较，平均劳动报酬与平均工资的差距较小，可以忽略不计，从趋势上看，二者也是同趋势变动，因而在1998年以前，人工成本用平均工资数据加以替代。实证数据均来自历年中国工业经济年鉴、劳动统计年鉴及山东省统计年鉴。

自市场经济改革以来，山东省制造业职工工资有了很大的提高，但是在1997年之前名义工资的增速明显高于实际工资，二者的增长有较大偏离。1997年之后由于物价指数没有大幅提高，二者的增长趋于一致。实际上普通劳动者工资的快速增长出现在1997年之后。山东省城镇单位就业人员的实际平均工资从1993年的2 581. 19元增长至2013年的16 772. 76元，年均增长9. 81个百分点，增幅略高于全国平均水平，但20年间山东省的平均工资水平始终落后于江苏省、浙江省、广东省，其中广东省的平均工资一直处于领先水平，但增幅趋缓。横向比较的结果显示，山东省制造业从业者的收入虽然有了很大提高，但从全国来看仍处于偏低水平，与其他沿海发达城市相比也有很大差距。但从劳动生产率来看，山东省制造业在近二十年内发展势头迅猛，如图3和图4所示。

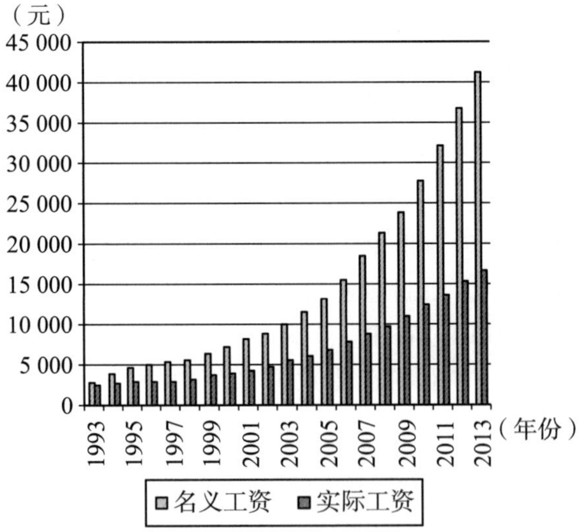

图3　名义工资与实际工资水平

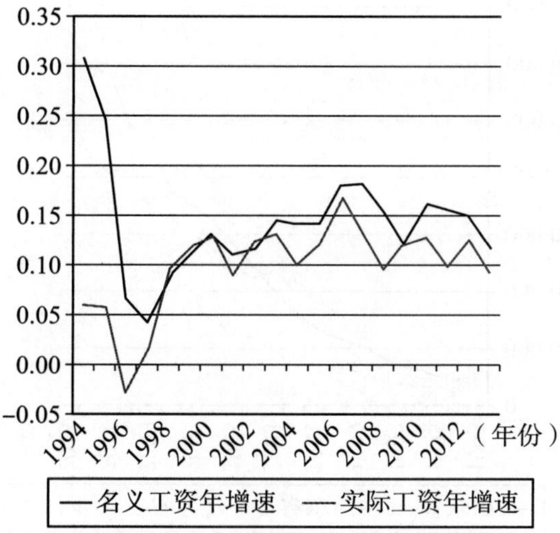

图 4　名义工资与实际工资年增速

因此，单单从工资水平或者劳动生产率水平的角度来观察制造业人工成本优势的变化未免有失偏颇，为了客观地评价人工成本优势，劳动报酬通常需要与劳动生产率结合起来，因此我们采用单位劳动力成本（即劳动报酬/劳动生产率）这一指标来度量人工成本的比较优势。从工资水平和劳动生产率的增长曲线可以看出，二者在 1993 ~ 2013 年间均呈现持续上涨的趋势，而单位劳动力成本的曲线在 1993 ~ 2003 年间却是持续下降的，这是因为劳动生产率的增速始终快于工资的增速。从 2003 年开始单位劳动力成本停止下降，在 0.11 的水平上保持小幅度地浮动，说明近十年来劳动生产率增速趋缓，逐渐与工资保持同一速度。因此，在劳动者工资必然上涨的趋势下，人工成本的比较优势继续存续的关键取决于劳动生产率的提升。四个省份的比较结果显示，浙江省的单位劳动力成本始终高于其他三省，广东省的单位劳动力成本在 1997 年之前持续走低，人工成本的比较优势十分显著，之后上升至 0.2 的水平线上保持至今。江苏省和山东省的单位劳动力成本处在较低水平，人工成本的比较优势尚未消失，如图 5 和图 6 所示。

在吸纳劳动力方面，全国规模以上制造业的平均职工数从 1993 年的 5 365 多万人下降至 2003 年的 2 977 多万人，2004 年之后呈现缓慢上升趋势。2013 年底，山东省制造业吸纳的职工数占全国的比重增至 8.29%，在吸纳劳动力就业方面始终发挥着举足轻重的作用。20 年间增幅最大的是广东省，1993 ~ 2012 年间年均增速达 2.89%，2013 年职工人数猛增至去年的两倍。其次是浙江省以 2.54% 的速度从 217 万人增至接近 360 万人，如表 3、图 7 和图 8 所示。

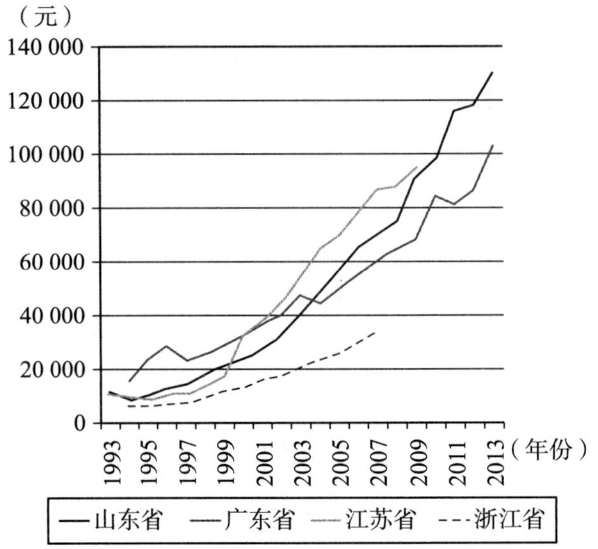

图 5　劳动生产率

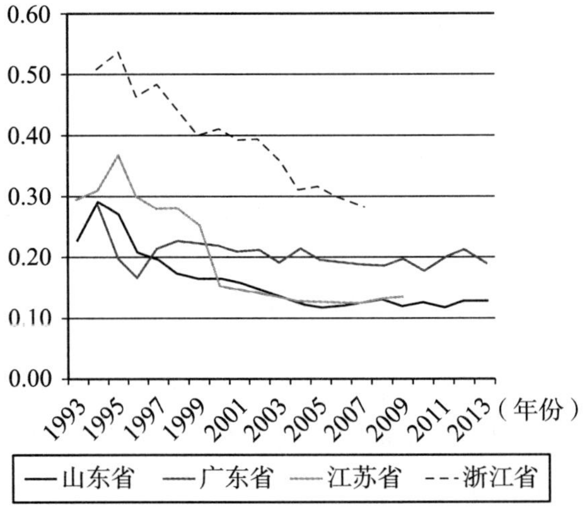

图 6　单位劳动力成本

表 3　　1993～2013 年从业人员平均工资和职工平均数

	实际平均工资（元）			职工平均数（人）		
地区	1993 年	2013 年	年均增速（%）	1993 年	2013 年	年均增速（%）
全国	2 918.92	18 585.70	9.70	53 652 927	52 909 909	－0.07
山东省	2 581.19	16 772.76	9.81	3 367 514	4 386 923	1.33
广东省	4 508.22	19 704.55	7.65	3 130 244	10 379 236	6.18
江苏省	3 091.37	21 405.27	10.16	4 154 078	5 624 491	1.53
浙江省	3 122.70	18 046.59	9.17	2 177 418	3 595 163	2.54

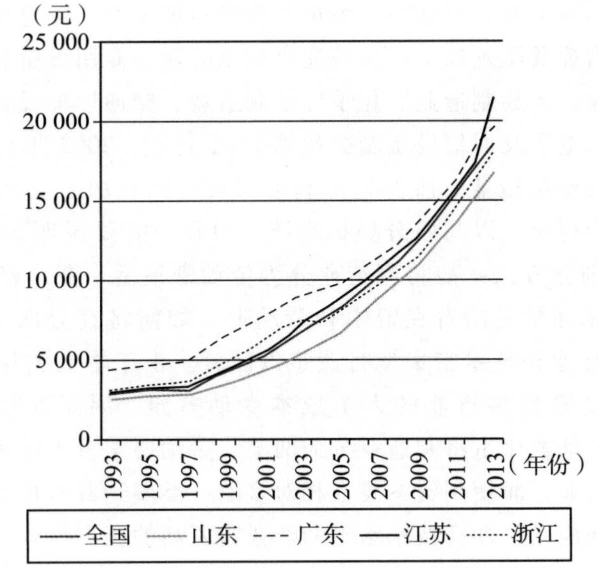

图 7　1993 ~ 2013 年从业人员平均工资

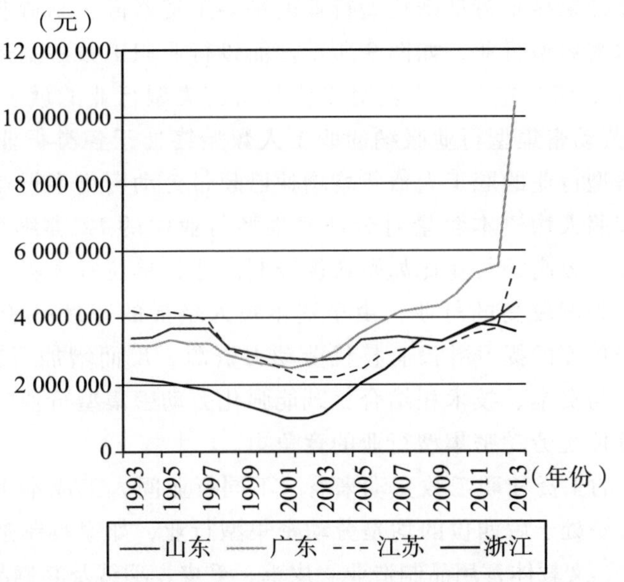

图 8　1993 ~ 2013 年职工平均数

由于不同行业的生产性质差异很大，其人工成本的水平和指标也受其影响而表现出不同的特征。本文根据制造业各行业资本劳动比值的排序，将制造业 27 个细分行业分成两类，即劳动密集型行业包括食品加工业、食品制造业、饮料制造业、纺织业、服装及其他纤维制品制造业、皮革、毛皮、羽绒及其制品业、木材加工及竹、藤、棕、草制品、家具制造业、造纸业、印刷业等 12 个行业；资本及技术密集型行业包括烟草加工业、石油加工炼焦及核燃料加工业、黑色金属冶炼及压延加工业、有色金属冶炼及压延加工业、普通机械制品业、专用设备制品业、化学原料及化学制品制造业、医药制造业、化学纤维制造业、交通运输设备制造业、电气机械及器材制造业、电子及通信设备制造业等 15 个行业。2002 年行业分类新标准中加入的工艺品及其他制造业、废弃资源和废旧材料回收加工业两个行业的规模较小，不考虑这两个行业，以与原分类标准统一口径。需要说明的是，基于生产要素密集度的产业划分方法一般将制造业分为劳动密集型、资本密集型和技术密集型行业，但是技术通常是附着在资本和劳动上，如何将其分离出来仍难以解决，导致资本密集型行业和技术密集型行业难以区分。由于本文关注的焦点是劳动密集型行业与非劳动密集型行业的人工成本变动差异，因而可以避开对技术的分离，根据资本和劳动的比重将制造业分为两类，劳动要素投入比例相对较高的一类属于劳动密集型行业，而使用资本要素相对多的一类属于资本技术密集型行业。在这里隐藏着一个强假设，即高技术水平的产业需要高的资本投入，在我国目前很大程度上依靠引进先进设备来引进技术、取得技术进步的情况下，这一假设具有一定的合理性。

分行业统计结果显示劳动密集型行业的平均工资略低于制造业平均水平，始终不及资本及技术密集型行业，如图 9 所示。而该行业职工数占制造业总体职工人数的比重始终保持在 50% 左右，这表明传统劳动密集型行业的就业功能仍然十分突出。图 10 显示劳动密集型行业吸纳的职工人数始终处于各类行业的最高水平，而资本及技术密集型行业的职工人数年均增速已超过劳动密集型行业，吸纳劳动力能力有所增强。按照人均资本含量对劳动密集型行业中的 12 类细分行业进行排序，发现人均资本含量较高的行业比如塑料橡胶制品业，单位资本吸纳的劳动力数量更多。这些资本密集度较高的行业，由于资本投入增加的速度高于劳动力增加的速度，使得资本密集度的提升并没有替代劳动力资源，反而增加了就业数量。因此，劳动密集型行业与资本、技术相结合，既能强化劳动密集型行业吸纳劳动力的主导地位，又能提升传统劳动密集型行业的竞争力。

从细分行业的工资和职工数变动来看，不同行业间人工成本水平参差不齐，在 1993 年，平均工资处于后四位的均是劳动密集型行业，如家具制造业、服装及其他纤维制品制造业、文教体育用品制造业、皮革、毛皮、羽绒及其制品业，平均工资在 2 000 元左右。排在前四位的依次是黑色金属冶炼及压延加工业、有色金属冶炼及压延加工业、石油加工及炼焦业、交通运输设备制造业，平均工资均达 3 000 元以上。至 2013 年，排在后四位的仍然是劳动密集型行业，平均工资在 15 000 元以下。前四位都属于资本及技术密集型行业，平均工资均在 20 000 元左右。总体来看，资本及技术密集型行业工资水平明显高于劳动密集型行业，其中垄断行业的工资水平持续偏高，一直处于行业前列。此外，不同行业之间增速差异也很大，如 2013 年化学纤维制造业平均工资为 14 916.44 元，仅是 1993 年的 4.9 倍。而 1993 ~2013 年间烟草加工业平均工资以

14.7%的年均增幅从3 151.73元增至48 956.97元，始终处于最高水平。

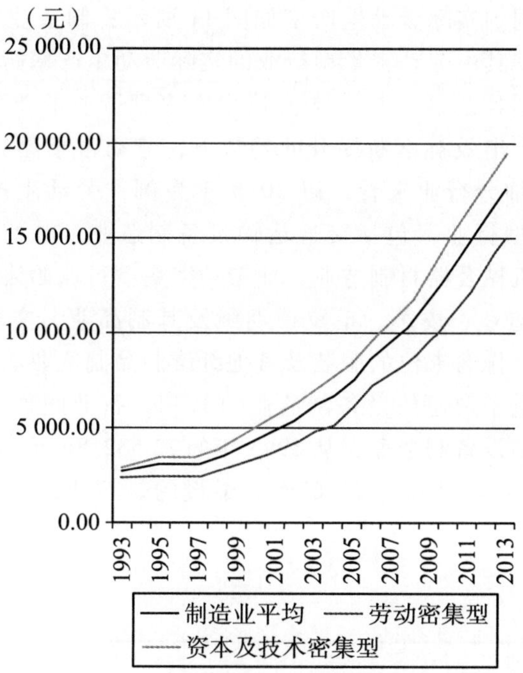

图9　1993～2013年平均工资

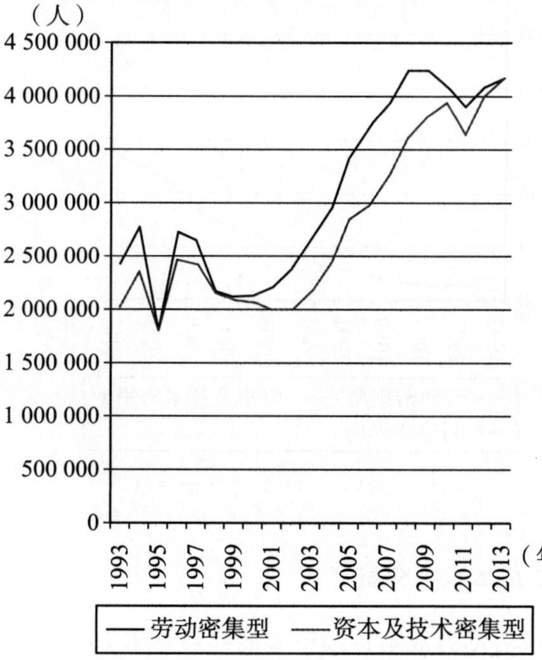

图10　1993～2013年职工平均数

2. 分行业投入产出指标分析

经过指数平减后得到的实际劳动生产率如图 11 所示，制造业整体的劳动生产率呈现持续上升的趋势，其中劳动密集型行业的实际劳动生产率始终低于资本及技术密集型行业，而且其增速趋缓，与资本及技术密集型行业的差距呈逐步扩大趋势。在制造业整体投入产出效益不断提升的趋势下，劳动密集型行业的劳动生产效率有待加速提升。从细分行业来看，以 2013 年为例，劳动生产率排名前四位的均属资本及技术密集型行业，包括交通运输设备制造业、电子及通信设备制造业、医药制造业、电气机械及器材制造业，而劳动密集型行业始终占据后四位，如服装及其他纤维制品制造业、皮革、毛皮、羽绒及其制品业、文教体育用品制造业、橡胶和塑料制品业，排名末位的服装及其他纤维制品制造业的劳动生产率仅为 77 797. 75 元/人，不及电子及通信设备制造业的 1/14，行业间差距悬殊。14 年间增幅最快的是电子及通信设备制造业，从 1993 年的 22 532. 86 元/人增长至 2013 年的 1 139 000. 34 元/人，年均增幅达 21. 67%，最慢的是石油加工及炼焦业，仅为 7. 57%。

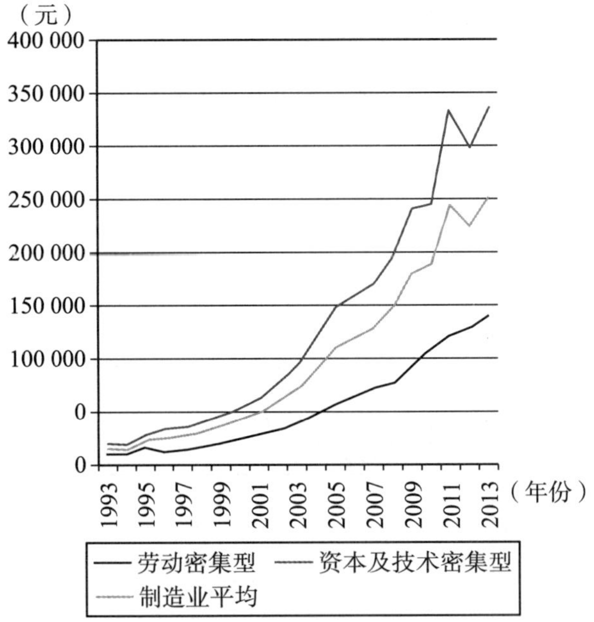

图 11　1993 ~ 2013 年劳动生产率

3. 分行业相对人工成本水平分析

由图 12 可见，单位劳动力成本持续下降的趋势止于 2005 年，此后基本保持稳定。单位劳动力成本的变动是由工资和劳动生产率的增速决定的，在人工成本持续上涨的情况下，单位劳动力成本的下降必须依靠劳动生产率的提高。细分行业中，资本及技术密集型行业比劳动密集型行业更具有单位劳动力成本优势。资本及技术密集型行业的单位劳动力成本低的原因主要是劳动生产率比劳动密集型行业高。因此，对于劳动密集型行业来说，提高劳动生产率是应对人工成本上升的主要对策，而从劳动密集型行业到资本及技术密集型行业的结构变迁将有利于制造业整体单位劳动力成本的降低。

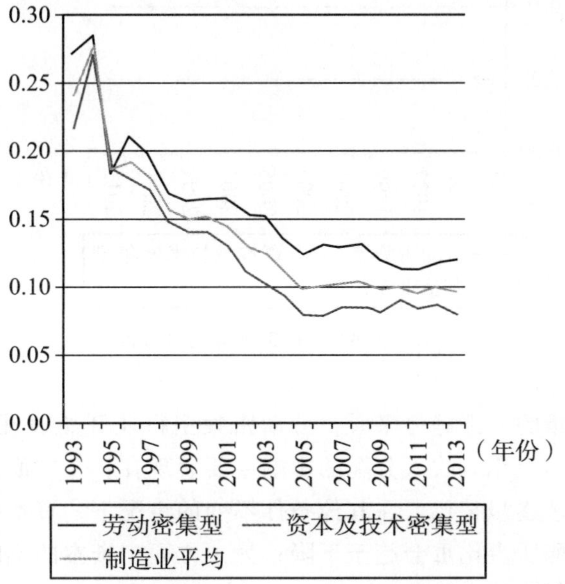

图 12　1993～2013 年单位劳动力成本

衡量相对人工成本水平的另一个重要指标是劳动分配率，即人工成本占工业增加值的比重。1993～2013 年间山东省制造业从业人员劳动报酬年均增长 15.7%，低于工业增加值约 5 个百分点，导致劳动分配率持续下降。劳动分配率上升的原因包括劳动者报酬的上涨、劳动要素投入的增加，而劳动分配率的下降主要是由企业劳动生产率的上升、劳动力总量的投入减少等引起的，人工成本上升与劳动分配率下降并存的现象说明劳动者报酬上涨对劳动分配率的影响不及劳动生产率上升的影响大。由图 13 可见，劳动分配率的下降趋势在 2005 年之后有所缓和，在人工成本持续上涨的背景下，劳动分配率基本保持平稳意味着人工成本上升与劳动生产率提高所带来的影响相互抵消。细分行业中劳动分配率排名靠前的均是劳动密集型行业，如木材加工及竹、藤、棕、草制品业、家具制造业等，排名靠后的包括烟草加工业、石油加工及炼焦业、化学原料及化学制品制造业等。这是由于劳动密集型行业中人工成本占总成本的比重明显高于资本及技术密集型行业所导致的。

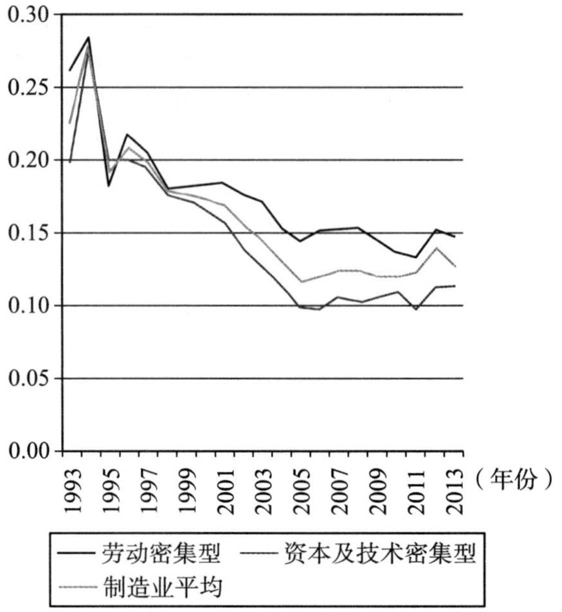

图 13　1993～2013 年劳动分配率

从人均资本含量的上涨趋势来看，劳动密集型行业开始表现出资本深化现象，而生产要素密集度的变化对收入分配的影响主要表现在：一方面，随着资本总量的不断增加，劳动力被逐步替代，在其他条件不变的情况下，资本报酬所占比重将不断提高，而劳动报酬所占比重会趋于下降；另一方面，资本的不断累积使得要素市场上资本的稀缺程度降低，而劳动的稀缺程度会相对上升，也就导致资本的相对价格下降，劳动的相对价格上升。从劳动分配率的下降趋势来看，制造业劳动报酬水平的增长速度要慢于要素替代的速度。

与劳动收入份额相比照的是资本分配率反映的资本收入份额，即利润总额占工业增加值的比重。1993～2013 年数据显示山东省制造业的资本分配率呈上升趋势，说明国民收入初次分配明显倾斜于税收和资本。细分行业中资本分配率的区别不大，说明各个行业资本要素的投入产出均高于劳动要素，如图 14 所示。

三、人工成本变动的影响因素研究

（一）指标选取

综合前文理论分析，考虑到制造业分行业数据的可得性和统计口径的一致性，本文选取以下变量作为工资方程的解释变量。在具体分析之前还需对选取的制造业

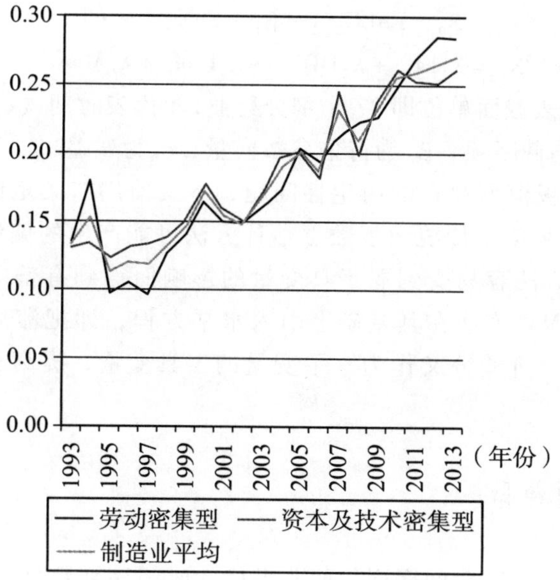

图 14　1993～2013 年资本分配率

平均工资、工业增加值进行价格平减，即用 1993 年为基期的 CPI 指数将名义值调整为实际值。为消除异方差，对各个变量取对数，经处理后人工成本、劳动生产率、人力资本水平、利润率、国有垄断程度分别记为：

（1）人工成本（LC）用从业人员平均劳动报酬来衡量。

（2）劳动生产率（LP），通过公式“劳动生产率 = 工业增加值/全部从业人员年平均数”计算得出。

（3）人力资本水平（DEU），选用工业企业科研人员的比率来反映人力资本水平，即规模以上工业企业科研人员数/规模以上工业企业从业人员数。

（4）利润率（Prof），使用工业企业利润总额占工业总产值的比重。

（5）国有垄断程度（Mon），采用国有及国有控股工业企业全部从业人员年平均人数与全部规模以上工业企业全部从业人员年平均人数的比重来衡量。

（二）模型设定

考虑到工资黏性，即当期工资水平依赖于上期工资水平而导致工资调整的过程较为缓慢，引入被解释变量的滞后项建立一个动态面板数据模型：$LnLC_{it-1}$为被解释变量 $LnLC_{it}$的一阶滞后项。这样，被解释变量的滞后一期项可以全面反映上期的全部信息，其系数反映了上期全部影响因素对当期工资水平的影响程度，可以分离出上期与当期各因素对工资水平的影响。另外考虑到工资对解释变量的反应可能也有一定的滞后性，因此我们将一些解释变量 X 的滞后一期项 X_{it-1}加入模型。模型形式如下：

$$LnLC_{it} = \alpha_i + \beta_0 \cdot LnLC_{it-1} + \beta_1 \cdot LnX_{it} + \gamma \cdot LnX_{it-1} + \varepsilon_{it}$$

$$X_{it} = \lambda_1 LP_{it} + \lambda_2 DEU_{it} + \lambda_3 Prof_{it} + \lambda_6 Mon_{it}$$

其中，$i=27$ 代表截面单位即27个细分行业，t 代表时期（$t=1994, 1995, \cdots, 2013$）。$\alpha_i$ 为总平均截距项，β_i 为待估参数向量，ε_{it}为残差项。

为解决动态面板模型存在的内生性问题，本文使用广义矩估计方法对动态模型进行估计，从而避免了传统面板数据估计方法可能产生的偏误和非一致性。但是一阶差分GMM方法容易受到弱工具变量的影响而得到有偏的估计结果，针对这一不足，系统GMM方法在其基础上引入水平方程，即把滞后水平作为一阶差分的工具变量，而一阶差分又作为水平变量的工具变量，提高了估计结果的一致性和有效性。

（三）平稳性检验

由于面板数据中存在时间序列，而非平稳的时间序列数据不能直接进行回归，为了避免数据处理中出现伪回归问题，需要在回归前对面板数据进行单位根检验以确保数据的平稳性和有效性。为了避免单一检验方法的缺陷，本文采用LLC检验、Harris－Tzavalis检验及IPS检验三种方法，各方法均拒绝了面板数据存在单位根的原假设，即各变量为平稳序列。

（四）实证结果

表4反映了劳动生产率、利润率、人力资本、国有垄断对山东省制造业各行业实际工资的影响。序列相关（AR）检验结果显示估计方程的残差项不存在二阶序列相关，满足了系统GMM方法适用的前提条件。Sargan过度识别检验结果显示，在5%的显著性水平上接受“所有工具变量都有效”的原假设，也就是工具变量设定合理，可以认为系统GMM的估计结果稳健可靠。综合分析，可以得出以下几点结论：

表4　　系统GMM估计结果

变量	制造业总体（1）	劳动密集型行业（2）	资本及技术密集型行业（3）
L. lnLC	0.939***	0.916***	0.922***
	（0.02）	（0.141）	（0.036）
lnLP	0.123***	－0.0184	0.145**
	（0.015）	（0.101）	（0.049）

续表

变量	制造业总体（1）	劳动密集型行业（2）	资本及技术密集型行业（3）
L. lnLP	-0.0689^{***} (0.019)	−0.0306 (0.05)	−0.0172 (0.063)
L. lnProf	0.0192^{**} (0.008)	0.268^{**} (0.103)	−0.0149 (0.033)
lnDEU	−0.00541 (0.004)	-0.0292^{*} (0.015)	−0.0259 (0.017)
lnMon	-0.00674^{***} (0.002)	0.00656 (0.046)	0.0337 (0.029)
观测值	499	220	279
AR(2) 检验 P 值	0.469	0.331	0.091
Sargan 检验 P 值	0.092	0.25	0.514

注：$* p<0.1$，$** p<0.05$，$*** p<0.01$，变量前加“L.”表示滞后一期。* 表示在 10% 的显著性水平下显著；** 表示在 5% 的显著性水平下显著；*** 表示在 1% 的显著性水平下显著。括号中的数值是回归系数估计量的标准差。

（1）在三个面板模型中，上期工资水平对当期工资水平的影响系统均保持在 0.9 以上，且在 1% 的水平上显著，表明当期工资很大程度上依赖于上期工资水平，与工资黏性假说相符。分行业来看，资本及技术密集型行业相对于劳动密集型行业表现出更高的工资黏性，这是因为资本及技术密集型行业在资金、技术及制度方面的行业壁垒较大，充分竞争的程度要低于劳动密集型行业，工资增长表现出了相对僵化的非市场特性。

（2）制造业总体、资本及技术密集型行业的当期劳动生产率对工资的影响都很显著，从系数来看，当期劳动生产率每提高 1 个百分点，下期的平均实际工资将提高约 0.12 个百分点。但是在劳动密集型行业中，劳动生产率的影响并不显著，这也解释了为何工资水平的增长始终落后于劳动生产率。劳动密集型行业大量吸纳的是人力资本含量低的劳动力资源，占用资本少，技术含量低，劳动生产率增长缓慢，对工资水平的拉动作用也很微弱。而上期劳动生产率对当期工资的影响为负向，这是因为当期工资受当期劳动生产率的影响，也受当期劳动生产率相对于上期劳动生产率的增长率影响。上期劳动生产率越高，当期劳动生产率相对于上期的增长越不显著，工资上涨幅度就越小，因此当期工资与上期劳动生产率呈现负相关关系。

（3）制造业总体、劳动密集型行业的上期利润率对当期工资的影响显著，从系数来看，劳动密集型行业的工资对利润率的敏感程度要大，当期利润增加对下期工资的拉动作用较强。对于资本及技术密集型行业而言，利润分配更加倾向于资本，这体现了“资强劳弱”的收入分配格局中利润对劳动者报酬的侵蚀。

（4）在制造业总体中，人力资本水平对工资的影响程度十分微弱，这与制造业人力资本含量低以及产业结构与人力资本结构不匹配有关。究其原因，制造业产业结构落后是根源问题，相对于高新技术产业、金融服务业来说，制造业仍处于产业链底端，对高素质的劳动力需求度较低，因此可以看到无论是劳动密集型行业还是资本及技术密集型行业，人力资本含量低的劳动力资源占据了绝大部分。而这两类行业的差异主要是机器等物质资本投资，而非人力资本投资。

（5）国有垄断程度对制造业的工资水平影响较小，从制造业总体的分析结果来看，国有垄断程度越低对工资上涨的抑制作用越小，这也与实际情况相符，近二十年来规模以上制造业行业的国有及国有控股比例逐渐降低，而工资水平保持持续上涨。

四、人工成本变动对制造业产业结构升级的影响分析

（一）模型构建

生产要素密集型产业的演进遵循着由劳动密集型产业向资本密集型产业，进而向技术密集型产业依次演进的发展路径，或者由劳动密集型生产环节逐步转向资本、技术密集型生产环节。库兹涅茨认为，产业间的劳动力转移导致了资源在产业间的配置差异，而这种转移是由不同产业之间劳动生产率的差异引起的。具体来说，生产要素从低效率的产业部门流向高效率的产业部门，从而促进资源合理配置，推进产业结构优化升级。制造业按照要素密集程度分为劳动密集型、资本密集型和技术密集型行业，资本和技术密集型行业的劳动生产率高于劳动密集型行业，大量劳动密集型就业人口就会转入资本和技术密集型产业，由此引起的资源再配置将推动制造业结构升级。

假设企业的要素投入包括劳动（L）和资本（K），完全竞争市场中劳动力要素和资本要素的价格分别为 w 和 r，企业在生产过程中以成本最小化为目标，则生产成本可以表示为 $C = wL + rK$。假设产出 Q 为生产函数 $F(K, L) = AK^{\alpha}L^{\beta}$ $(\alpha<1, \beta<1)$。构造拉格朗日函数 $V(K, L, \lambda) = wL + rK - \lambda(AK^{\alpha}L^{\beta} - Q)$，并对 K，L，λ 求一阶偏导，得出使成本最小的资本和劳动投入量，代入利润函数 $\pi = P\times Q - C$ 中可以得到：$\pi = P\times Q - wL - rK$。由此可见，在产品价格既定的情况下，企业利润受工资水平、技术水平、劳动及资本投入量等因素影响。基于以上理论分析和适当变形，本文选取如下四个指标来分析人工成本变动对行业竞争

力的影响：

$$LnLP_{it} = \alpha_i + \beta_1 \cdot LnLC_{it} + \beta_2 \cdot LnK_{it} + \beta_3 \cdot LnL_{it} + \beta_3 \cdot LnTech_{it} + \varepsilon_{it}$$

其中，i=27 代表截面单位即 27 个细分行业，t 代表时期（t=2005，2006，…，2013）。α_i 为总平均截距项，β_i 为待估参数向量，ε_{it}为残差项。劳动生产率 LP 为解释变量，用来衡量行业竞争力，技术水平（Tech）用 R&D 经费内部支出占工业增加值的比重衡量。劳动力投入（L）为就业人数，即全部从业人员数。资本密集度（K）为资本存量与从业人数之比。资本存量的计算方法采用永续盘存法，计算公式为：$K_t = I_t + (1-r)K_{t-1}$。其中，K_t 表示第 t 年的资本存量，K_{t-1} 表示第 t-1 年的资本存量，I_t 表示第 t 年的投资，r 表示平均折旧率。基年的资本存量以基期固定资本形成总额除以 10% 作为初始资本存量指标，以固定资本形成总额作为当年投资流量指标（Young，2003；何枫等，2003）。由于缺乏分行业的固定资本形成额数据，这里以固定资产投资额代替。平均折旧率为 5%。由于固定资产投资额缺少 2005 年之前的分行业数据，选取山东省规模以上制造业 2005～2013 年的 27 个细分行业的面板数据进行分析。在具体分析之前对选取的制造业平均工资、工业增加值、固定资产投资额进行价格平减，即用 2004 年为基期的 CPI 指数、固定资产投资价格指数将名义值调整为实际值。

（二）平稳性检验

为避免数据分析中出现伪回归问题，在回归之前对面板数据进行单位根检验以确保数据的平稳性和有效性。本文同时采用 LLC 检验、Harris－Tzavalis 检验及 IPS 检验三种方法来检验各时间序列的平稳性，结果显示各方法均拒绝了面板数据存在单位根的原假设，即各变量为平稳序列。

（三）实证结果

使用 STATA12.1 首先进行固定效应模型估计。根据 F 检验统计量对应的概率值，可以认为个体效应十分显著，不能使用混合回归。随后使用豪斯曼检验来选择固定效应或是随机效应模型。卡方检验统计量对应的概率值表明制造业总体和资本技术密集型行业两个模型拒绝原假设，选择固定效应模型进行估计，劳动密集型行业选择随机效应模型。

分析结果如表 5 所示，制造业各行业的人工成本与劳动生产率显著正相关，从系数来看，资本技术密集型行业的劳动生产率对人工成本的变化比劳动密集型行业更为敏感，人工成本每上升 1 个百分点，劳动生产率将提高 0.789 个百分点，这体现了人工成本上升对提升劳动生产率的激励效应。

表 5　　分行业回归结果

变量	制造业总体（1）	劳动密集型行业（2）	资本及技术密集型行业（3）
lnLC	0.792***	0.751***	0.789***
	(0.056)	(0.051)	(0.093)
lnK	0.311***	0.480***	0.363**
	(0.108)	(0.111)	(0.139)
lnL	-0.133**	0.0865**	-0.319***
	(0.054)	(0.045)	(0.08)
lnTech	0.0256*	0.0306**	0.0110
	(0.015)	(0.013)	(0.033)
_cons	1.668	-3.051**	3.264**
	(1.18)	(1.43)	(1.53)
N	243	108	135
R^2	0.84	0.91	0.80
模型	固定效应模型	随机效应模型	固定效应模型

注：* 表示在 10% 的显著性水平下显著；** 表示在 5% 的显著性水平下显著；*** 表示在 1% 的显著性水平下显著。括号中的数值是回归系数估计量的标准差。

从就业量来看，在资本技术密集型行业中，就业人数对劳动生产率的影响比较明显，每增加一单位的劳动投入，劳动生产率将下降 0.3 个单位，而在劳动密集型行业中就业量与劳动生产率呈现正相关关系，但影响程度很小。

从资本投入来看，人均资本存量的增加对制造业各行业的劳动生产率的影响都很显著，说明物质资本投入对劳动生产率的拉动作用仍然十分强劲。分行业来看，劳动密集型行业的人均资本存量对劳动生产率的影响程度最大，人均资本存量每增加一单位，劳动生产率随之提升 0.48 个单位。

从技术水平来看，技术水平的变化对制造业总体和劳动密集型行业的劳动生产率影响比较显著，但系数显示这一影响程度很小。也就是说增加技术投入，对制造业劳动生产率的拉动效应并不明显。这与制造业人力资本含量低、科研费用支出较小有关，由于制造业吸纳的是大量低层次人力资本的劳动力，引进的先进技术受限于此，很难转化为现实生产力。

五、结论

在超低生育率和平均预期寿命延长的作用下，山东省人口老龄化呈现出老年人口基数大且增长速度快、老龄化发展阶段性、老年人口高龄化及地区老龄化程度差异大、女性老龄化高于男性的特征。从短期来看，老龄化对未来劳动力供给的影响并不显著，主要体现在有效劳动力供给量的减少，即劳动人口年龄结构变化等因素使得劳动适龄人口数量和劳动参与率都有所降低。但随着老龄化程度的深化，劳动力供给的内部结构也将受到影响，从劳动力老化的趋势来看，45 岁以上的中老年劳动力人口将成为未来劳动力资源的主要组成部分，对于并非以技术密集型产业为主的山东省制造业而言，这将对劳动生产效率带来较大的不利影响。

从人工成本变动的现状及趋势来看，制造业总体的平均工资在 1993 ~ 2013 年间有了很大提高，同时劳动生产率也保持着较高的增速。综合工资和劳动生产率的单位劳动力成本指标显示 2003 年之前单位劳动力成本持续下降，主要是因为劳动生产率的增速快于工资，近 10 年间由于劳动生产率增速趋缓，逐渐与工资保持同一速度，使得单位劳动力成本基本保持不变。在这种情况下，劳动生产率的增长使得每个职工可分配价值有所增加，这一增加部分可以将人工成本增加的部分全部抵消掉，使企业相对人工成本水平保持不变。因此，目前工资增长不会挤压企业利润，不会对企业竞争力产生负面影响。但是当工资及人工成本水平增速快于劳动生产率增速时，劳动生产率增长部分不能将人工成本增加部分全部消化吸收，而且企业相对人工成本水平会有所上升，那些不能被劳动生产率增长消化吸收的人工成本增量将对企业总成本上升产生推动作用，从而挤占企业的利润增长空间，在企业不能及时采取提高管理水平、压缩经营成本、改进技术等手段进一步消化吸收已经增加的成本时，工资的增长对企业的竞争力就会产生负面影响。从细分行业来看，劳动、资本及技术密集型行业的人工成本指标均表现出不同特征：劳动密集型行业在吸纳劳动力就业方面的功能明显突出，其大量依赖劳动力资源的特性使得平均报酬和劳动生产率处于落后水平。资本和技术密集型行业的平均报酬、劳动生产率始终处于领先水平，劳动者的收入显著高于制造业平均水平。从劳动收入份额的变动来看，人工成本上升与劳动分配率下降并存的现象说明了劳动者报酬上涨对劳动分配率的影响不及劳动生产率上升的影响大。劳动分配率的下降趋势在 2005 年之后有所缓和，在人工成本持续上涨的背景下，劳动分配率基本保持平稳意味着人工成本上升与劳动生产率提高所带来的影响相互抵消。细分行业中，资本及技术密集型行业比劳动密集型行业更具有单位劳动力成本优势。资本及技术密集型行业的单位劳动力成本低的原因主要是劳动生产率比劳动密集型行业高。因此，对于劳动密集型行业来说，提高劳动生产率是应对人工成本上升的主要对策，而从劳动密集型行业到资本及技术密集型行业的结构变迁将有利于制造业整体单位劳动力成本的降低。

在工资增长的内部机制中，工资本身的贡献度远远大于其他变量，而且资本及技术密集型行业相对于劳动密集型行业表现出更高的工资黏性。这表明目前我国制造业工资增长受宏观经济政策、制度因素等影响较大。从劳动生产率对工资的影响程度来看，劳动生产率的提高对平均工资的推动作用不明显，二者之间的联系还不充分，工资水平的增长长期落后于劳动生产率的增长。此外，利润率对制造业总体工资水平的影响不明显，而在劳动密集型行业中工资水平对利润率的敏感程度有所提高，在资本及技术密集型行业中利润侵蚀劳动者收入的状况仍未改变。值得注意的是，人力资本水平对制造业各个行业工资水平的影响均不显著，这与我国制造业人力资本含量低，产业结构与人力资本结构不匹配有关。

在人工成本变动对行业竞争力的影响分析中，各行业人工成本的上涨对劳动生产率的提升均有很大的激励作用，因此人工成本的上涨一方面可以促进制造业产业结构升级，另一方面又能通过提高劳动者报酬改善收入分配格局。在资本技术密集型行业中，就业人数对劳动生产率的负向影响比较明显，而在劳动密集型行业中就业量对劳动生产率的影响程度很小。从资本投入来看，人均资本存量的增加对制造业各行业的劳动生产率的影响都很显著，说明物质资本投入对劳动生产率的拉动作用仍然十分强劲。分行业来看，劳动密集型行业的人均资本存量对劳动生产率的影响程度最大，这表明资本深化有利于促进劳动密集型行业提升效率。从技术水平来看，技术水平的变化对制造业总体和劳动密集型行业的劳动生产率影响显著，但系数显示这一影响程度很小。也就是说增加技术投入，对制造业劳动生产率的拉动效应并不明显。由于制造业吸纳的是大量低层次人力资本的劳动力，引进的先进技术受限于此，很难转化为现实生产力。这也与制造业人力资本含量低、科研费用支出较小有关。

参考文献

1. 丁元：《劳动生产率与工资关系的脉冲响应分析——以广东省为例》，载于《中国人口科学》2007 年第 3 期。

2. 黄桂田、尹志峰：《工资增长机制及相关影响因素分析》，载于《财贸经济》2009 年第 9 期。

3. 宋晶、李会敏：《工业企业工资增长影响因素的经验分析》，载于《财经问题研究》2014 年第 10 期。

4. 宁光杰：《中国市场化进程中的工资形成机制——来自各省面板数据的证据》，载于《财经研究》2007 年第 2 期。

5. 张车伟、薛欣欣：《国有部门与非国有部门工资差异及人力资本贡献》，载于《经济研究》2008 年第 4 期。

6. 李稻葵、刘霖林、王红领：《GDP 中劳动份额演变的 U 型规律》，载于《经济研究》2009 年第 1 期。

7. 李红涛、党国英：《我国市场化进程中的工资形成机制——基于动态面板数据 Sys - GMM 方法的实证研究》，载于《商业经济与管理》2012 年第 2 期。

8. 余向华、陈雪娟：《中国劳动力市场的户籍分割效应及其变迁——工资差异与机会差异双重视角下的实证研究》，载于《经济研究》2012 年第 12 期。

9. 马双、张劼、朱喜：《最低工资对中国就业和工资水平的影响》，载于《经济研究》2012

年第 5 期。

10. 张本波：《我国劳动力成本上升的因素和影响》，载于《宏观经济管理》2008 年第 8 期。

11. 蔡昉：《工资上涨势头将逐步加快》，载于《中小企业管理与科技》2010 年第 11 期。

12. 都阳、曲玥：《劳动报酬、劳动生产率与劳动力成本优势》，载于《中国工业经济》2009 年第 5 期。

13. 李平、宫旭红、张庆昌：《工资上涨促进劳动生产率提升：存在性及门槛效应研究》载于《山东大学学报》2010 年第 3 期。

14. 曾国华、王跃梅：《劳动力成本与工业竞争力—理论模型及实证检验》，载于《财经论丛》2011 年第 3 期。

15. 姚先国、曾国华：《劳动力成本的激励效应与合理区间》，载于《经济学家》2012 年第 8 期。

16. 程承坪、张旭、程莉：《工资增长对中国制造业国际竞争力的影响研究》，载于《中国软科学》2012 年第 4 期。

17. 李文博、陈贵富：《工资水平、劳动力供求结构与产业发展型式》，载于《厦门大学学报》（哲学社会科学版）2010 年第 5 期。

18. Auld, D. A., Christofides, L. N., Swidinsky, R., Wilton, D. A., "A Microeconomic Analysis of Wage Determination in the Canadian Public Sector", *Journal of Public Economics*, 1980, 13 (3): 369 - 387.

19. Blejer, M. I., "On the Determination of Nominal Wage Dispersion", *Economics Letters*, 1990, 32 (2): 175 - 180.

20. Budd, J. W., Nho, Y. J., "Testing for a Structural Change in U. S. Wage Determination", *Industrial Relations*, 1997, 36 (2): 160 - 177.

21. Slichter, S., "Notes on the Structure of Wages", *The Review of Economics and Statistics*, 1950, 32 (1): 80 - 91.

22. Abe, Y., "The Equal Employment Opportunity Law and Labor Force Behavior of Women in Japan", *Journal of the Japanese and International Economics*, 2011, 25 (1): 39 - 55.

The Changes and Impact of Labor Costs in Shandong's Manufacturing Industry

Zhang Yan　Luo Rundong

Abstract: This paper uses system GMM model to investigate the influence of labor productivity, profit margins, human capital on labor costs in labor-intensive, capital and technology-intensive industry. Results show that the salary contributes much more than other variables, relative to the labor-intensive industry, capital and technology intensive industry shows a higher wage stickiness. Labor productivity plays weakly role in promoting the increase of average wage, salary level lags behind the growth of Labor productivity. Margins have a weak influence on overall manufacturing wages. Wage's Margin sensitivity has improved in the labor-intensive industries, the situation of profit erodes laborer income remains unchanged in the capital and technology-intensive industries. the influence of human capital on wages is not significant. Then select artificial cost, per capita investment, technology level and employment indicators to explore the impact of artificial cost changes on the industry competitiveness. Analysis shows that the increase of artificial largely improves labor productivity. From the point of capital input, the increase in capital stock per capita significantly impacts on the labor productivity of manufacturing industries. Technology level has a weak influence on labor productivity in overall and labor-intensive manufacturing industry.

Key words: *labor costs* *Labor productivity* *manufacturing*

国防人口安全视阈下全面二孩的政策效应

陈 阵*

摘　要：从国防人口安全角度观察，全面二孩新政将有效缓冲独生子女政策给国防人口安全产生的不利影响，为维护我国国防安全赢得战略主动权。但是，从国防人口安全角度审视普遍二孩的政策效应仍不可过于乐观。全面二孩政策对提高总和生育率的作用有限，由“少子化”引发的“兵源荒”仍将持续；全面二孩政策不能逆转人口老龄化趋势，“银发浪潮”对国防建设的挤压将不减反增；全面二孩政策难以短期内改变我国与世界以及周边国家的人口格局，国防人口安全的国际威胁犹存。

关键词：国防人口安全　全面二孩　政策效应预测

随着2016年1月1日全面放开二孩的政策落地，标志着我国独生子女计划生育政策走进历史，一对夫妇生育二孩的时代已经到来。全面二孩新政是一项既有“质感”又有“温度”的重大民生政策，乃顺应民心之举，更是我国应对生育率持续下降、老龄化急剧加速、人口结构严重失衡等众多人口问题的重大战略举措。人口是国家的主体，是国家和民族的载体，人口安全是促进国家发展和民族繁荣，维护国家利益与民族利益的前提条件。所以说，人口政策并不完全是一项关于人口发展的政策，而是建构在人口发展、资源环境、社会和谐、国家安全等基础上的战略性的、综合性的政策。人口政策的目标就是促进人口安全利益最大化。毋庸置疑，实施全面二孩政策为我国应对日益凸显的“人口危机”将起到及时的“止血”效果，人口结构将逐步得到修缮。从国防人口安全角度观察，全面二孩新政将有效缓冲独生子女政策给国防人口安全产生的不利影响，进而为我国因应世界及周边人口变局，维护国防安全赢得战略主动权。但是，我们必须冷静地全面地客观地从国防人口安全角度审视普遍二孩的政策效应，不可过于乐观，应当爬上桅杆去瞭望远方，时刻保持警惕。

* 陈阵，南昌陆军学院军事人口研究中心主任、教授。E-mail：chenzhen19701001@163.com。

一、全面二孩政策对提高总和生育率的作用有限，由“少子化”引发的“兵源荒”仍将持续

1. 总和生育率与人均 GDP、女性受教育水平负相关是世界各国的共性规律

经济发展必定带来生育率下降，正所谓“发展是最好的避孕药”。联合国的统计数据表明，随着人均 GDP 以及女性受教育水平的提高，总和生育率会不断下降（见图 1、图 2）。

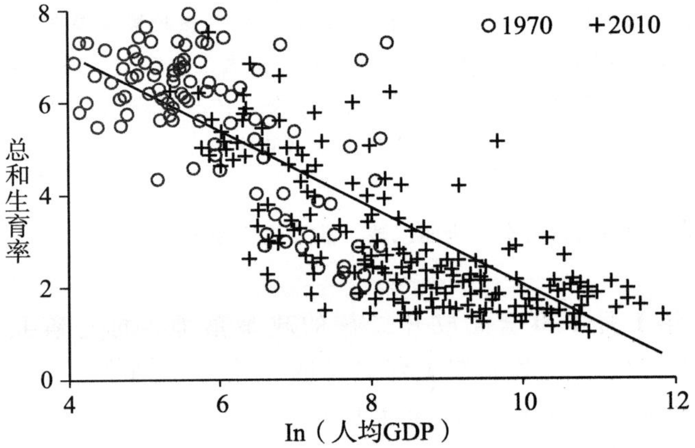

图 1　全球各国人均 GDP 与总和生育率负相关

资料来源：联合国相关数据。

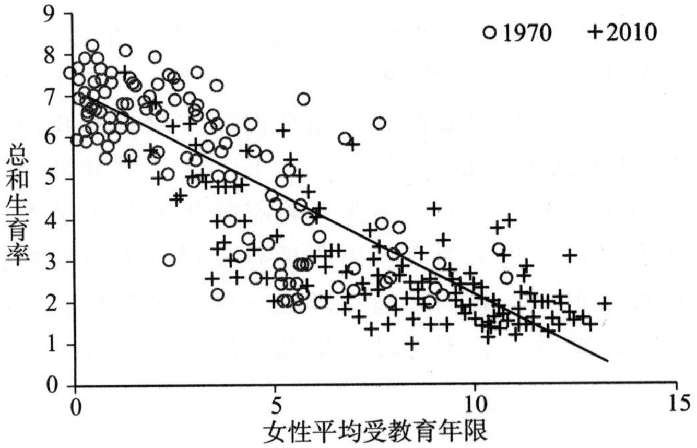

图 2　全球各国女性受教育程度与总和生育率负相关

资料来源：联合国相关数据。

从 1950 ~ 2015 年中取四个不同时间段来看，随着经济的发展，全球及主要国家的总和生育率都出现不同程度的下降。其中中国、印度、越南、韩国下滑最为明显，2010 ~ 2015 年的总和生育率不及最高峰时期的 40%（见图 3）。

进入 21 世纪以来，尽管我国逐步放松了生育政策，但并未扭转总和生育率的下降趋势。尽管各省实行计划生育政策的松紧程度有差别（见表 1），但是居民的实际生育意愿随着经济的发展在规律性走低，政策的刺激并未使其出现大幅变动。

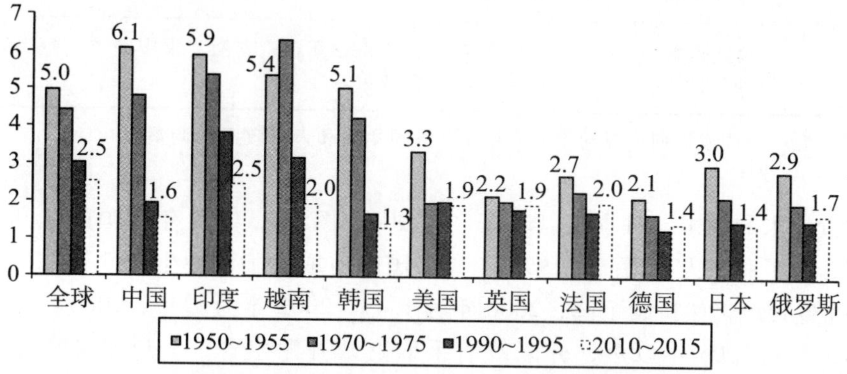

图 3　全球总和生育率出现不同程度下降

资料来源：联合国相关数据。

表 1　　主要生育政策及其微调情况

时间	政策	简介
1981 年起	一孩政策	包括全国城镇居民，北京、天津、上海、江苏、四川、重庆等 6 省（市）的农村居民。
1984 年起	一孩半政策	河北、山西、内蒙古、辽宁、吉林、黑龙江、浙江、安徽、福建、江西、山东、河南、湖北、湖南、广东、广西、贵州、陕西、甘肃等 19 个省（区）的农村夫妇，生育的第一个孩子为女孩的，可以再生育一个孩子。
	两孩政策	海南、云南、青海、宁夏、新疆等 5 省（区）的农村居民，普遍可以生育 2 个孩子。
	少数民族特殊政策	青海、宁夏、新疆等地区的少数民族农牧民；海南、内蒙古等地前两孩均为女孩的少数民族农牧民；云南边境地区和人口稀少的少数民族农村居民，黑龙江人口稀少的少数民族居民，可以生育 3 个孩子；西藏自治区实行特殊的生育政策；藏族城镇居民可以生育 2 个孩子，藏族及人口稀少的少数民族农牧民不限制生育数量。

续表

时间	政策	简介
2001 年起	“双独二胎”政策	全国所有省、直辖市、自治区先后实行允许夫妇双方为独生子女的可以生育 2 个孩子。
2013 年底	“单独二胎”政策	全国所有省、直辖市、自治区先后实行允许夫妇一方为独生子女的可以生育 2 个孩子。
	取消、放宽生育间隔	吉林、上海、甘肃、湖南、陕西、广东、福建、云南、山东等绝大部分省（区、市）取消、放宽了生育间隔的规定。
	放宽再婚夫妇的生育	河北、辽宁、吉林、广东、新疆、安徽、重庆等省（区、市）放宽了再婚夫妇的生育政策。

资料来源：中国发展研究基金会：《人口形势的变化和人口政策的调整》。

20 世纪末的韩国、日本足以印证（见图 4、图 5）。1995 年韩国的总和生育率为 1.63，为了刺激人口增长，1996 年，韩国政府取消了计划生育政策，然而之后韩国总和生育率仍然持续下降，2000 年为 1.47，2002 年为 1.17，2005 年甚至下降到 1.08，直到 2006 年以后，韩国政府采取财政补贴生育，人口出生率才逐步企稳。日本从 1952 年开始实施计划生育，经过近 40 年的计划生育政策，总和生育率从 3 下降到 1.66 左右。日本政府从 1991 年开始鼓励生育，2004 年进一步实施财政补贴生育政策，但总和生育率持续萎靡不振。韩国和日本的经历告诉我们，等到总和生育率已经进入 1.6 以下的低生育水平时再调整生育政策，其政策效果是不明显的。而中国的总和生育率在 1996 年开始跌破 1.6，至今已经有 20 年时间，此次全面放开二胎政策对提高总和生育率的作用有限。

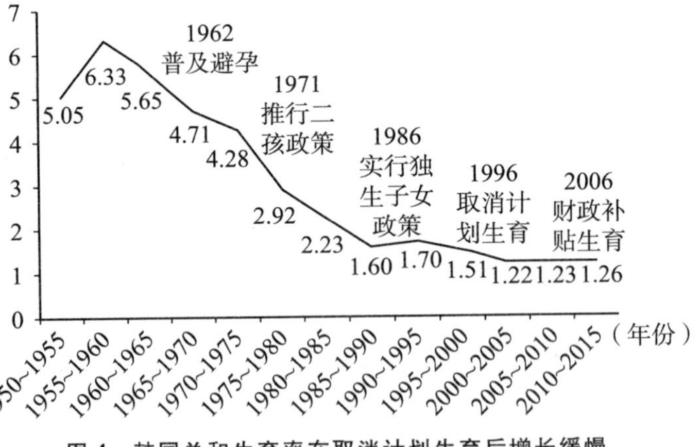

图 4　韩国总和生育率在取消计划生育后增长缓慢

资料来源：联合国相关数据。

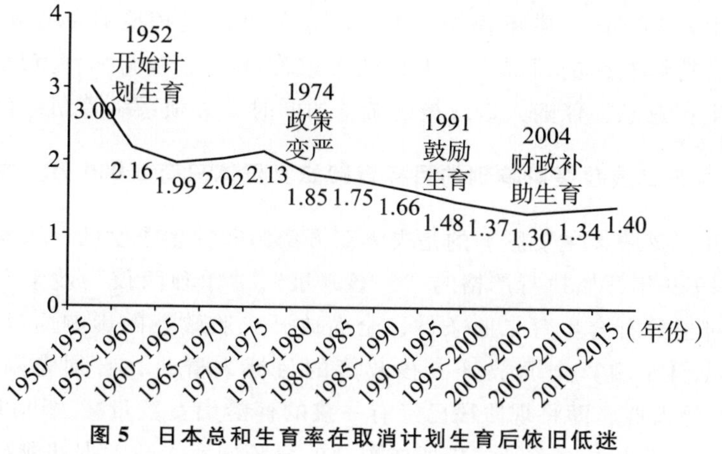

图5　日本总和生育率在取消计划生育后依旧低迷

资料来源：联合国相关数据。

超低总和生育率不可避免地会带来“少子化”。国际上认为0～14岁人口占总人口的比重在15%～18%属于“严重少子化”，低于15%则为“超少子化”。1990年，我国0～14岁人口占总人口的比重是33.6%，2000年下降为27.86%。“六普”数据显示，2010年则大幅下降至16.6%。2015年可能已经低于16%。这也就意味着，经过短短的20多年时间，我国0～14岁人口的占比降了一半以上，进入了严重少子化阶段，这比美国、英国、法国、荷兰等发达国家还要低。美国15～64岁成年人口与0～14岁儿童之比为3.2，属于成人与儿童比例均衡水平，而中国竟高达4.5，属于危险的倒金字塔结构。“少子化”意味着年轻人越来越成为一种“稀缺资源”，兵役适龄青年基数必然快速衰减，要征集到优秀兵员更加困难。未来近20年内，由于“单独二孩”和“全面二孩”尚未成年，我国兵源将持续减少，兵源紧张问题是不言而喻的。再者，由于育龄妇女数量自2010年开始出现下降，2015年比2010年骤减1 461万人，育龄妇女占总人口的比重也下降1.78个百分点，虽然全面放开二孩政策实施之后，人口出生率及新出生人口都将有小幅回升，但是指望短期就能走出“低生育陷阱”是不太现实的。

2. 单独二孩政策遇冷，说明目标人群的生育意愿低

生育水平主要受两方面因素的影响，一是国家的生育政策，二是育龄人群的生育意愿和行为。

统计数据显示，单独二孩实施后，符合条件的家庭申请生育二胎的数量远不及预期，从申请二胎的比例来看，不同地区的比率从6%～11.5%不等，全国平均水平为8.25%（申请数量除以对应符合条件的育龄妇女数量）。从申请数量的变化来看，呈现逐渐衰减的特征。申请后实际生育比例约为5%。这说明我国人口的少子化已经形成了强大的“人口惯性”。受几十年计划生育宣传的影响，一对夫妇生育一个孩子成为年轻一代的生育文化和生育信仰。这就意味着实施全面二孩政策乃至今后即使鼓励自由生育，生育意愿不提振，人口政策就难以发挥应有的作用。这同时表明，在生育率持续低迷的情况下，人口政策或许并不是影响生育意愿的决定性因素。要提振生育意愿，伴随人口政策的调整的同时，必须系统筹划综合施策。

3. 全面放开二孩政策影响到的目标育龄妇女群体只有 8 000 万人左右

全面放开二孩政策主要影响的是夫妻双方都为非独生子女的一孩家庭。以上海市为例，从 1979 年开始执行严格的“一孩政策”，“单独两孩”政策实施后，90%以上的家庭都已经符合生育二胎条件，全面放开二胎政策的影响面只有 10% 的家庭。因此，我们在测算全面放开二孩政策的目标人群时，必须先剔除现有符合“单独二胎”的人群。即将现阶段已经有一孩的育龄妇女数量减去可以生育二孩的育龄妇女数量，得出本次政策放松所能覆盖的育龄妇女人数。据此测算，此次全面放开二孩政策影响到的目标人群在 8 018 万人（见表 2）。

表 2　“全面二胎”政策的目标育龄妇女群体在 8 000 万人左右

	人数（万人）	数据来源
15 ~ 49 岁育龄妇女	38 000	第六次人口普查数据
15 ~ 49 岁已经生育一孩的育龄妇女	15 200	翟振武等，《立即全面放开二胎政策的人口学后果分析》，《人口研究》，2014 年第 2 期。
一孩半政中可生育二胎的人口占比为 25. 26%	3 840	周长洪、潘金洪：《中国政策生育水平与实际生育水平的测算》，《中国人口科学》，2010 年第 4 期。
二孩政策的人口占比为 9. 61%	1 460	
少数民族特殊政策的人口比为 1. 60%	243	
城镇“双独”政策	228	张丽萍、王广州：《“单独二孩”政策目标人群及相关问题分析》，《人口科学》，2014 年第 1 期。
“单独”二胎政策	1 411	
全面放开二孩政策的目标人群	8 018	

资料来源：见表格内附，国泰君安证券研究。

二、全面二孩政策不能逆转人口老龄化趋势，“银发浪潮”对国防建设的挤压将不减反增

随着 20 世纪 70 年代开始实施计划生育政策，一方面，生育率持续下滑，少年人口持续下降，从 1976 年最高的 3. 65 亿人下降至最低 2011 年的 2. 32 亿人，下降 36. 44%；另一方面，老年人口数量持续增加，从最低 1960 年的 2 352 万人一路上

升至2014年的1.26亿人，剧增435%。因而少年人口抚养比持续下滑，从1965年的74.6%下降至最低2010年的23.4%；与此同时，老年人口抚养比持续上升，从1965年的6.1%增长至2015年的13%。

全面放开二孩后，未来5年间我国可能增加出生1 500万~2 500万人左右，我国0~14岁年龄段的人口占比将会增大，至2030年时占比提升约2%，但总体上对我国人口结构影响不大，并不能从根本上改变我国的人口结构和老龄化问题，据测算至2030年我国的65岁以上人口占总人口的比例为17%，比2014年增加7%。

随着我国老龄化社会的到来，国家财政需要投入巨大资金用于支付养老金。而与此同时，随着中国国家利益不断拓展，对军事安全的需求不断增多。一个老龄化的社会在心理上也会总体趋向保守和防御，社会大众对于良好社会保障的压力会使政府不可能将更多的财富用至国防上面。这一问题目前在中国还不明显，但再过一二十年，情况就有可能发生显著变化。在中国国家利益日益拓展的情况下，如果没有足够的财政能力支撑足够的军事能力，这不仅影响到国家军事安全，也影响到国家发展安全。

三、全面二孩政策难以短期内改变我国与世界以及周边国家的人口格局，国防人口安全的国际威胁犹存

人口是经济的主体，也是军事的主体，人口结构决定国防实力。全面二孩新政不可能短期内改变我国与世界以及周边国家的人口格局，国防人口安全的国际威胁也不可能立即解除。

美国是发达国家中唯一将生育率保持在世代更替水平的大国，有着比较年轻的人口结构，在相当长时间内，仍将保持世界第一军事、外交大国。东南亚现在生育率还在更替水平之上，尤其是菲律宾的生育率有3.1，越南稍低于更替水平但仍然比中国要高，今后两国的人口结构比中国年轻。虽然这两国无力单独挑起争端，但如果有域外大国势力操纵，就要另当别论。俄罗斯人口从1992年就开始减少，虽然在鼓励生育，但生育率仍然远低于更替水平。在可预见的未来，来自北方俄罗斯的国防压力会不断减弱。日本和欧洲人口老化和萎缩，中国台湾和韩国的生育率非常低，今后将面临严重的老龄化和深重的社会危机。

中亚几个国家的生育率都在3.0以上，这些国家的年轻劳动力将推动经济发展，也给我国新疆等西部地区带来发展机遇，同时也必然带来国防压力，加上该地区错综复杂的民族问题和宗教问题，地缘政治更加复杂。新疆、青藏高原、云贵高原本是中国的战略纵深之地，地广人稀。随着经济的发展，越来越多的人口涌向东部，造成东部发达地区不堪重负，而西部又越来越稀少，与周边邻国相比人口优势

减弱甚至倒挂。

着重考察一下印度。今后印度人口规模将超过中国成为世界第一，人口结构自然而匀称，其生育率也在缓慢下降，逐步接近替代水平，人口并不会无限增长。印度人口远比中国年轻。2014 年，0～14 岁人口占比，印度是 28.5%，中国是 16.5%，未来这种差距会进一步拉大；而65 岁以上人口占比，印度是5.8%，中国是 10.1%。印度人目前的平均年龄是 26 岁，而中国人是 35 岁，而且中国社会老化的速度远快于印度。印度每年出生的人口差不多是中国的 2 倍，这就意味着 15～20 年之后年轻劳动力和适龄参军人口都是中国的 2 倍，经济力和国防力对比可想而知。再加上中国的生育率仅印度一半，未来 10 年中国处于生育高峰的 23～29 岁女性会减少大约 43%。在这两个因素的叠加下，即便中国立即全面放开并大力鼓励生育可能将生育率提升 50%，在一两代人之内印度年出生人口依然会达到中国的 4 倍。一个朝气蓬勃的庞然大物出现在西部边境，对于衰老的中国来说将意味着什么？

The Policy Effect of the Two Children in the Perspective of National Defense Population Security

Chen Zhen

Abstract: If we observe from the point of view of the national defense population security, a comprehensive New Deal of two-child will effectively cushion the adverse effects of the one-child policy to the defense population security, and it has won the strategic initiative in order to safeguard our national defense security. However, the effect of two-child policy is still not too optimistic at the perspective of population security defense. Comprehensive two-child policy play a limited part in to improve the total fertility rate, the "manpower shortage" caused by the "low birth rate" will continue. Actually, the comprehensive two-child policy can not reverse the trend of population aging, so the silver wave caused the pressure to the construction of national defense will not reduce instead of increasing. Comprehensive two-child policy is difficult to change the population structure of our country and the world as well as the neighboring countries in the short term, The international threat to the security of national defense is still in existence.

Key words: *population security defense*   *comprehensive two-child policy*   *the prediction of policy effect*

"互联网+"背景下建筑企业人力资源管理变革与创新

孙文斌　丁明艳　刘国

摘　要： 目前，"互联网+"的概念已经植入了各个行业，这对于已处于微利时代的建筑企业来说更是重大发展契机，作为建筑企业人力资源管理工作者来讲，如何借助"互联网+"创新工作思路解决实际问题，在职能层面助推企业加速与"互联网+"的融合，是需要研究的重要课题。文章结合对"互联网+"的认识，分析了建筑企业传统人力资源管理的问题，提出了应用"互联网+"进行变革与创新的建议。

关键词： "互联网+"　人力资源管理　e-HR

一、"互联网+"背景下建筑企业人力资源管理的趋势

随着"互联网+"对传统企业的影响愈发明显。企业员工的需求愈加多元化个性化、人员流动率不断增加、人对组织的黏性和依赖程度降低、人的价值创造能力可以不断放大。这些变化使得企业需要重新认识员工的创新能力和价值创造方式，升级调整人力资源管理措施。

（一）人力资源管理与互联网的结合是各行业企业的趋势

通过对建筑业以外的16个行业、362个企业进行调研分析，可以发现机械制造、生命科学、信息技术、消费品、汽车及零部件、互联网与游戏、专业服务、金融服务、电子电气、零售业、化工与石化、房地产、运输业及物流、能源动力、环境科学、造纸包装等行业企业均已启动或正准备启动人力资源管理与互联网工作。

1. 基于互联网平台的人力资源管理系统的覆盖程度

从被调查企业的情况来看，已有47.1%的企业正在应用互联网版的人力资源管理系统；16.3%的企业正在建设；24.8%的企业计划在两年内启动系统建设；11.8%的企业目前还没有系统建设的计划，如图1所示。

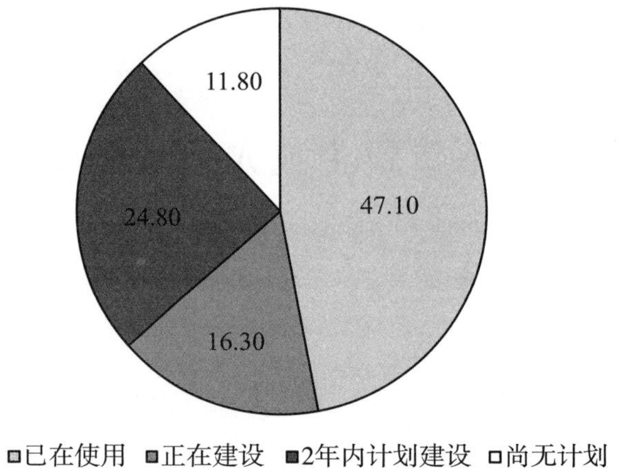

图1　基于互联网平台的人力资源管理系统的覆盖程度（单位：%）

2. 基于互联网平台的人力资源管理系统的功能应用程度

从被调查企业来看，已经应用人力系统的47.1%的企业中，有95.6%的企业实现了基础功能，包括人事管理和薪资计算；85.1%的企业应用了数据报表功能；相比之下，招聘、培训、绩效等职能模块、员工自助模块等功能应用的程度不高。

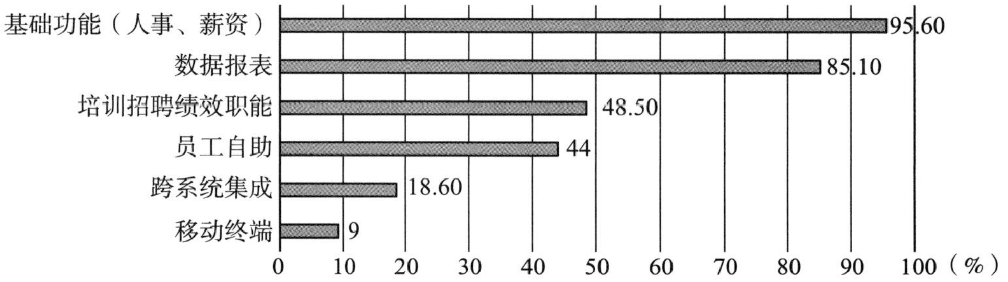

图2　基于互联网平台的人力资源管理系统的覆盖程度

3. 基于互联网平台的人力资源大数据应用程度

从被调查企业来看，已经应用和正在建设人力系统的企业中，根据企业员工队伍规模不同，深入应用人力资源大数据的程度也不同，1 000人以下的中小型企业几乎没有对入库数据进行深度应用，1 000～10 000人的大型企业已经开始逐步应用大数据，10 000人以上的大型集团化企业大数据分析应用程度较高，如表1所示。

表1　　人力资源管理大数据应用情况统计

系统应用阶段 员工队伍规模 （人）	阶段A收集 员工信息 （%）	阶段B梳理 业务流程 （%）	阶段C人事、 薪资模块 （%）	阶段D招聘 培训绩效 （%）	阶段E数据 建模分析 （%）
500人以下	22.4	34.5	29.3	13.8	0
500～1 000	10	23.3	36.7	30	0
1 001～2 500	15	22.5	27.5	25	10
2 501～5 000	17.1	20	28.6	25.7	8.6
5 001～10 000	6.7	13.3	43.3	30	6.7
10 000以上	12	10	20	38	20

综上所述，国内各行业企业已经重视并开始实施、应用结合互联网的人力资源管理，部分企业已经从初级应用阶段发展为大数据建模。调研分析各行业企业系统应用覆盖率、功能应用程度、大数据应用程度等，对国内建筑企业启动实施基于互联网的人力资源管理变革与创新有积极借鉴意义。

（二）借助互联网技术解决实际管理问题是建筑企业的需要

1. 建筑企业人力资源决策需要大数据支持

人力资源管理日常工作会产生大量数据，但以往很难利用数据做出更多的决策，也很难通过数据来发掘本质。随着"互联网+"的深入，人力资源管理真正进入了量化管理阶段。基于大数据，人力资源管理既可以提供标准化和个性化服务，更好地处理股东、客户、员工等各利益相关者的关系。

2. 建筑企业通过平台化管理，打破时空界限

企业可以利用"互联网+"平台进行员工招聘、在线培训、保险缴费、档案查询、绩效考核、人员流动管理、分配薪酬等人力资源管理工作，并对未来进行趋势分析，通过建立人力资源管理信息化平台，将各类线下业务平移到线上运转，可打破员工工作地点、工程项目所在地域限制、打破时间限制，系统平台可全天候工作，为企业人力资源的高效运转夯实基础。

3. 建筑企业人力资源管理工作者需要跨界思维

对于人力资源管理者来说，原先的知识体系主要涵盖人力资源管理、行政管理的专业知识及心理学、统计学的相关方法运用，而现实对于人力资源管理者的知识

结构提出了更高要求，在熟练掌握原有知识技能的基础上，还要涉及企业战略管理、互联网思维、行业产业链知识、财务管理等方面。人力资源管理通过“跨界思维”逐步实现转型，人力资源管理者也逐步成为企业内掌握复合式知识体系的重要决策者和决策参与者。

二、建筑企业人力资源管理实施“互联网+”的难点

目前，国内许多建筑企业已经借助不同的 e－HR 平台实践着互联网背景下的人力资源管理，业内知名的中建集团、中交集团、中铁集团、中冶集团、中水集团等 30 多家企业都通过 e－HR 系统进行了人力资源管理升级。但就大部分国内地方性、中小型建筑企业而言，目前的“互联网+”进程是滞后的，主要存在以下几个问题：

（一）从业人员组成复杂

建筑业企业的人力资源的组成是比较复杂的。既有学历低但实践经验丰富的技术工人，也有知识水平较高的大中专毕业生，他们作为新鲜血液提高了施工企业的整体素质，但相对缺乏经验；此外还有一些企业专门引进的专家型的管理人员和技术人员。这些处于不同层次的人才有着各自的特点和价值目标，对于自身价值的实现要求也有所不同，建筑企业人力资源管理实施 e－HR 管理具有相对复杂性。

（二）组织机构调整频繁，人力资源分布分散

建筑企业工程项目一个显著的特点就是流动性强，它不像一般的生产型企业，具有固定的生产场地和生产部门。建筑企业作为工程项目的建设者，它的具体组织机构一般是随着工程项目的变化而变化，通常是根据某个工程项目的具体情况，比如项目规模的大小、技术要求的特点、地域情况等来组建一个适合的项目管理机构，而随着工程项目的结束，下一个项目的开始，人员组成又要进行新的调整。因此，建筑企业的人力资源在其布局上就有分散明显、流动性强的特点，这又增加了人力资源管理实施 e－HR 管理的难度。

（三）人员流动性大，人力资源信息的收集相对困难

由于建筑行业自身的特点，很多建筑企业的工程项目用工多采用劳务形式，人

员流动率位于各行业榜首，其中更有部分企业已涉及国际工程，在境外属地化用工。虽然目前的信息传输十分发达，但是依旧有许多工程项目的人力资源的信息往往难以及时汇总和传输到人力资源管理部门，即使获得的信息也具有明显的漏报、错报及滞后性。这就给全面分析评价企业人力资源的状况、高效管理人力资源带来很大的困难。

（四）决策层观念滞后，对e-HR管理支持不足

建筑企业管理者往往只重视并且能明显看到工程项目所带来的"直接效益"，而看不到e-HR管理带来的"长期效益"。e-HR管理是一项有长期效应的投资，取得成效的周期比较长，并且表现形式也比较"隐蔽"，致使许多施工企业决策层对人力资源经营的支持最为薄弱；同时这又成为决策层缺乏先进e-HR管理理念的一个原因，形成恶性循环。e-HR管理的发展与否在很大的程度上取决于决策者的思想认识状态。e-HR管理本身的投入较大，立项相对比较困难，当一个建筑企业决策者没有认识到人力资源管理的战略意义时，就不可能投入大量精力和财力，支持e-HR的实施。

（五）跨部门团队协作不利，导致e-HR实施难以系统化

人力资源管理是人力资源部门的事情，信息化是信息中心的事情，这种传统的落后思维方式在很大程度上影响了现代企业提升管理水平的步伐。这种部门本位思想导致其他部门不配合人力资源部的工作，人力资源管理的工作开展得步履维艰。e-HR建设是一项系统工程，具有综合性、系统性、整体性的特点，对部门配合甚至整个企业协作提出了更高的要求，涉及施工企业管理的各个方面和各个部门，所以应坚持统一标准、统一规划和统一管理的工作原则。

（六）对e-HR建设项目的持续性认识不足

很多实施e-HR的企业存在急功近利的思想。例如，按照国家建设部要求，建筑企业申报特级资质必须具备信息化管理要件，为取得特级施工资质，有的建筑企业就根据上级要求，立即着手实施人力资源管理信息系统建设，便安排相关部门去开展，并视为一个短期任务去完成，认为只要他们能够有效地获得建筑企业需要的人力资源管理信息系统，施工企业的信息化就完成了，他们的工作也就完成了。这种短期的应付行为是不能充分发挥人力资源信息化管理的有效作用的。

三、"互联网+"背景下建筑企业人力资源管理变革与创新的建议

(一)"互联网+"背景下建筑企业人力资源管理变革与创新的途径

1. 借助"互联网+",实现平台化、智能化招聘

招聘是企业人力资源管理的第一步。互联网背景下,微信招聘、领英招聘、微博招聘等自媒体招聘体现了独特的优势,建筑企业对于专业技术人才的招聘一定要重视互联网渠道。对内,可通过 e-HR 平台实施收集、分析各部门的实际用人需求,详细收集各岗位对学历、专业、经验、持证等情况的要求,自动分析空编缺编情况,完成招聘需求分析,对外可应用 e-HR 平台面向社会公开发布招聘信息,并同步推送到企业微信、企业 APP 平台,提高招聘效率和效果。

2. 借助"互联网+",实现在线培训学习与管理

企业的发展离不开知识和技术的更新,建筑企业尤其如此。传统的人力资源管理在培训方式上也较为烦琐,其培训的方式主要是运用报告、演讲或课堂传授的方式进行在职学习。这种培训方式,不仅耽误了员工工作时间,还要耗费企业大量的资源,甚至在培训效果上也会出现不佳的情况。而"互联网+"形式的出现,可对此作出改善。企业应及时更新观念,将培训工作通过互联网进行,使员工不但可在工作中做好本职工作,也能够自主选择接受培训的时间,并且为企业节省了培训成本。对于新知识新技术,建筑企业可自行录制培训课程资料,在线定向精准分配课程,实现培训课程设计、运行、效果评价的在线全过程管理。

3. 借助"互联网+",畅通企业与员工互动渠道

"互联网+"表现出来的一个强大功能,便是随时随地通过客户端畅所欲言。在传统的人力资源管理中,由于员工与员工之间、员工与领导之间、企业与消费者之间的沟通存在空间的局限性,因此,沟通较为困难。当今形势下,企业应积极主动构建一个有助于沟通的平台,使员工能够围绕企业的运转去开展工作,通过互联网与各级进行沟通,让员工可在企业这个大家庭中寻找存在感,从被动变为主动,提升企业的工作效率。

4. 借助"互联网+",实现员工自我管理

个人工作绩效是人力资源管理的重点,同时也是难点,一线施工人员、项目经

理、项目总工等关键岗位人员绩效计划的制订、绩效沟通的实施、考核的保密性、结果如何反馈都是操作层面技术性很强的问题。在"互联网+"背景下，建筑企业可借助e-HR平台，将员工绩效管理升级为员工自我管理，使员工在平台上，通过自己设定的工作计划，落实企业目标，实现企业与个人之间的合作共赢，从而激发员工的主动性、创造性、责任心。

5. 借助"互联网+"，充分发挥大数据的优势

在当今知识经济发展的影响下，员工与企业、员工与员工、员工与业主、员工与分包商之间的相互业务往来，都产生了大量复杂的人力资源管理数据，这些数据对企业的发展有着重要的影响，企业相关人员可通过对大数据的管理和利用，预测到未来的发展方向和趋势。举例来说，一个百万平米的房建类项目，如果通过e-HR平台实现了项目全过程管理，系统就会按设计结构记录这个项目在不同的里程碑节点的用工量，形成数据模型，未来再有同类项目，在项目招投标、项目施工组织设计阶段就能精准预测每个工种的用工量，人工成本测算更加精准。

（二）"互联网+"背景下建筑企业人力资源管理变革与创新需注意的问题

1. 建筑企业管理者要高度重视与支持

人力资源管理信息化带来的不仅仅是一套软件，一种工具，更重要的是一种管理思想的更新，是一项新的管理手段。只有深刻理解、全面消化和吸收了新的管理思想，并结合建筑企业的实际加以运用，才能充分发挥人力资源管理信息化的效用。在实施过程中，建筑企业决策阶层和管理人员必须转变管理理念，调整管理手段，这是e-HR实施的关键因素。作为建筑企业的主要决策者，必须要参与到e-HR的实施过程中。并不是说他们只要保证有足够的资金供给、人员安排和设备配备就可以了，而是要积极参与e-HR的设计、规划和实施全过程，才能保证e-HR的实施能顺利进行。

2. 建筑企业内部管理需达到一定水平

e-HR的实现需要有与之匹配的管理水平。只有管理水平达到一定程度后，信息化的手段才能真正与之结合，从而进入通过信息化的手段提高施工企业绩效的阶段。建筑企业管理水平的提高，有赖于做好规范的基础管理工作，规范的基础管理是施工企业人力资源管理信息化的必备条件。规范的基础管理主要包括基础数据管理，如员工履历、考勤、薪酬等都要准确无误。

3. 建筑企业业务流程必须可行

e-HR的实施要以规范的业务流程为前提，主要是人力资源管理部门的内部业务要程序化。如员工招聘工作，从招聘公告、面试到培训上岗都要按规定的程序进行。同时也不可避免地会使建筑企业原有业务流程发生变化，如何将这些变化带来的不利影响降到最低，如何能够使施工企业内所有相关部门和人员认同并接受这一变化是项目实施面临的严重挑战。因此，有效控制变更管理，成为建筑企业实施 e－HR 过程中的一项重要措施。

4. 提高人力资源管理者的 IT 应用能力

人力资源管理信息化绝不是一个纯粹的 IT 项目，也不是传统人力资源管理手段与 IT 技术的简单更替，而是利用信息技术实现对人力资源管理业务体系的承载、优化甚至再造的过程，这就要求人力资源管理信息化项目的主要参与人员既要对现代人力资源管理有深刻的理解，也需要具备丰富的 IT 经验。加速人力资源管理从业者对信息技术、管理信息化以及人力资源管理信息化项目上的认识和技能掌握应放在首位。要提高人力资源管理者的 IT 应用能力，可以通过教育和培训的方式，使其通过学习，提高自身对 IT 技术的认识，更充分地理解和消化人力资源管理信息系统的本质，从而提高系统的使用水平和系统的运行效益。

5. 要选择具备灵活性、拓展性的 e－HR 系统

e－HR 系统的建设对建筑企业来说是一个重大决策。e－HR 的效果和企业经营管理、项目管理是不一样的，不可能很快看出非常明显的经济效益，建筑企业希望每一分钱都花得物有所值，因此建筑企业最关心的是如何保证人力资源管理信息系统的成功有效。

随着建筑企业劳动人事制度改革的不断深入和人力资源管理信息系统的广泛应用，人力资源管理开发、人才预测、社会保障、推行建筑企业职业资格证书制度等新的工作业务不断开展，这就要求人力资源管理信息系统必须适应劳动人事制度的改革需要，不断拓展。

四、结论

在“互联网＋”的时代背景下，建筑企业可通过 e－HR 平台，开展人力资源管理工作的变革与创新。打破时空界限收集项目入场人员的信息，加强数据分析，实现项目全周期的人力资源供求关系预测，实现互联网招聘、培训、员工管理，更进一步实现大数据的分析应用等，都是有效的变革与创新途径，同时也对建筑企业全面实现与互联网的融合有积极推动意义。

参考文献

[1] 胡婷婷：《互联网思维对企业人力资源管理的影响》，载于《华人时刊旬刊经济管理》

2014 年第 3 期。

[2] 林子江：《“互联网＋”人力资源管理的新趋势及对策分析》，载于《华人时刊旬刊经济师》2015 年第 9 期。

[3] 唐魁玉：《大数据时代人力资源管理的变革》，载于《华人时刊旬刊中国人力资源与社会保障》2014 年第 3 期。

[4] 曾双喜：《互联网＋寻找 HR 新思维》，载于《华人时刊旬刊人力资源》2015 年第 8 期。

[5] 赵曙明：《中国企业的人力资源管理：全球视野与本土经验》，北京师范大学出版社 2011 年版。

[6] 中国人力资源信息化管理调研报告，http：//www. hrecchina. org。

The Reform and Innovation of Construction Enterprise Human Resources Management under the Background of the Internet +

Sun Wenbin　Ding Mingyan　Liu Nan

Abstract: At present, the concept of Internet + has been implanted with various industries, For construction enterprises, which are in small profit era, this is a major development opportunity. For construction enterprise human resources management workers, How to use the Internet work + innovation ideas to solve practical problems, to accelerate the fusion with Internet +, is one of the important subjects need to study. Combining with the understanding of Internet +, this paper analyzes the traditional construction enterprise human resource management problems, put forward the use of the Internet + suggestion for change and innovation.

Key words: *the Internet +　human resource management　e – HR*